설계부터 완공까지 직접 경험하고 알기 쉽게 풀어쓴

소규모 건물 짓기 실전공식

건축주가 알아야 할 부실공사 방지책

윤진희 지음

책을 내며

이 책에서 필자는 실전경험을 바탕으로, 건축주가 되고자 하는 분들을 위해 설계부터 완공에 이르기까지 소규모 건물의 시공 과정에 대해 상세하게 설명하고자 하였다. 설계·시공에 들어가기 전 건축주가 미리 생각해야 할 부분을 알려주고, 그것을 신경 쓰지 못했을 때는 기대했던 건물의 구조형태와 확연한 차이가 생긴다는 것을 사진으로 증명했다. 덧붙여 시공사 및 하도급업체 간에 발생한 애로사항과 그 해결 방향을 제시함으로써 예비 건축주가 필자와 같은 경험을 겪게 되는 것을 방지하고자 하였다. 이 책이 경험이 없는 예비 건축주들에게 추가비용 발생은 물론 스트레스 등으로 인해 유발되는 건강 문제까지도 방지할 수 있는 참고서가 되기를 희망한다.

일반적으로 처음 건물을 지을 때는 평당 시공비가 얼마일지, 시공사 선정을 어떻게 할지 등에 대해 먼저 생각해보게 된다. 막연하기만 한 소규모 건물 시공에 대해 알려주는 곳은 거의 없다. 이미 건축주가 된 사람들에게서는 부정적인 말부터 듣기 일쑤다. 건물을 지을 때 어렵고 힘들었다는 추상적인 말만 늘어놓을 뿐, 어떻게 설계를 해야 하고 어떤 시공사와 계약을 해야 하는지를 구체적이고 상세하게 말해주는 사람이나 책은 보기 힘들다.

필자가 건물을 지으려 할 때 지인이 말했다: 땅이 있으면 뭐하나, 어떻게 누가 지을 건데?

처음 이 말을 들었을 때는 이해할 수 없었다. 이때까지만 해도 내 땅에 시공사가 건물을 올리기만 하면 되는 일이라고 생각했기 때문이다. 지인의 말은 필자가 건축주가 된 후에야 비로소 이해할 수 있었다.

필자는 시공 과정에서 발생했던 일들을 사진 등으로 상세히 알려 시공할 건물의 크기와는 별개로 시공사가 기본적으로 지켜야 하는 태도와 건축주가 바라는 마음이 어떤 것인지를 말하고자 한다. 예비 건축주들이 필자와 같은 고통을 겪지 않기를 바란다. 그만큼 필자가 경험했던 건축과정은 험난했고 괴로웠다.

집을 세 번은 지어야 잘 짓게 된다는 말이 있다. 동의하는 바다. 이 책 한 권을 통해 집 한 채 지어본 경험을 얻게 되기를 기대하며, 예비 건축주들에게 이 책을 바친다.

목차

01 건축주와 설계

건물을 짓기 위해 우선해야 할 일은 건축사(설계사)를 선정하는 것이다. 건축사의 성향에 따라 건축주와 상의하며 꼼꼼하게 설계하는 이도 있을 것이고, 그렇지 않은 이도 있을 것이다. 만족스러운 건물을 짓기 위해서는 건축주가 설계에 반영해야 할 부분들을 미리 건축사에게 요청해두어야 한다. 하지만 처음 건물을 짓게 되는 예비 건축주들은 이런 부분들을 생각하기 쉽지 않다. 그렇다면 설계 전 어떤 부분들을 건축사에게 요청해야 할까.

설계하기 전 생각해야 할 것들

건축주가 되고자 한다면 대지의 평수와 건축법 등을 고려해 어떤 건물을 어떻게 지을 것인가를 먼저 고민해야 한다. 그 후 건축사와 상담을 하며 실제 건물을 설계해야 한다.

건축주는 평당 시공비를 염두에 두고 설계하는 게 일반적일 것 같다. 이때 간과하지 말아야 할 것이 건축자재다. 각 건축자재의 특성을 파악하는 것은 현실적으로 어려운 데다 평당 시공비만 생각하게 되면 건축자재에 대한 생각을 미루기 마련이다. 하지만 어떤 자재를 사용하느냐에 따라 시공비가 달라지기 때문에 알아두는 것이 좋다. 어떤 건축자재를 사용할 건지를 알아야 건축사가 설계도면에 명시할 수 있다.

건물의 구조 및 형태가 확정지어지면 세부사항을 설계하게 된다. 건축사는 법적인 허용범위 안에서 건축주의 요구에 따라 설계를 한다. 문제는 건축 경험이 없는 예비 건축주의 경우 구체적인 사항을 전달하기 어렵다는 데 있다. 그렇게 되면 건축주가 꼼꼼하게 생각하여 설계를 요청했다 하여도 미흡한 부분이 생기기 마련이다. 건물을 잘 짓기 위해서는 설계부터 잘 되어야 한다.

필자의 경험담

필자가 건물을 지을 때 세심하게 설계를 했는데도 아래와 같이 놓친 부분이 많았다.

CCTV 전용배선

CCTV를 설치하려고 했을 때는 이미 외벽에 석재 마감을 한 상태였다. 때문에 설치를 하려면 외벽으로 배선이 돌출될 수밖에 없어 건물 외양이 깔끔해질 수 없었다.

에어컨 전용배선

업소용 에어컨은 가정용 에어컨과 달리 배전함에서 에어컨 전용배선을 따로 설치해야 한다. 하지만 설계 과정에서 다뤄지지 않아 전용배선이 설치되지 못했다. 이에 에어컨 전용배선을 외벽에 노출시켜야 했고, 실외기와 연결하는 배관을 해 놓치 않아 벽을 뚫어야만 했다.

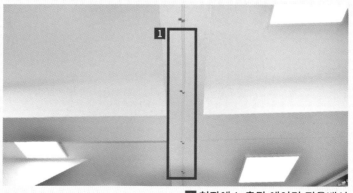

1 천장에 노출된 에어컨 전용배선

간판 전기배선

간판 설치할 것을 미리 생각해 전기배선을 설계해야 하는데, 그렇지 못해 건물 외벽으로 배선이 노출돼 버렸다.

1 외벽에 노출된 간판 전기배선

인터넷 배선

신축 건물의 인터넷 설치를 위해 기존에 사용하던 SK브로드밴드에 이전 신청을 했다. 하지만 배선이 들어갈 구멍이 없어 벽을 뚫어야 한다는 말에 KT로 바꿔야만 했다. 배관이 전화선과 KT인터넷 선만 들어올 수 있게 설계돼 있었던 것이다. 예비 건축주들은 인터넷 배관을 넉넉하게 설계해 최소 두 군데 회사의 인터넷 배선이 들어올 수 있도록 해야 할 것이다.

이 문제들은 처음 설계할 때 건축사에게 배선에 대해 충분히 언급하지 못해 발생한 것이다. 건축주가 세세하게 언급하는 것이 이상적이지만, 시공비와 시공사 선정 등에 신경을 쓰느라 놓치는 부분이 많았다.

건축주의 입장에서는 이런 부분들을 건축사가 언급해주면 좋을 것 같다. 설계도면에 명시돼 있지 않더라도 시공사가 건축주에게 의사를 물어볼 수 있었을 텐데, 그렇지 않은 것이 아쉽다. 사소한 부분을 생각하지 않으면 건물의 완성도는 낮아질 수밖에 없다.

경험이 없는 예비 건축주들은 건물의 모든 배선에 대해 생각하는 것이 쉽지 않다. 이런 부분은 건축사가 건축주와 상의하여 부족한 부분을 채워나가는 편이 좋을 것 같다. 설계할 때 필자가 이런 부분을 미리 생각했더라면 더 좋았을 거라는 생각에 아쉬움이 많이 남는다.

주의사항

설계할 때 앞서의 필자 경험담을 건축사에게 전달한다면, 건축사는 기본적으로 생각해야 하는 부분이라 말할 수도 있다. 하지만 필자가 다음에 언급할 부분들은 말하지 않으면 나중에 후회할 수 있는, 사소해 보이지만 기본적인 내용들이니 반드시 체크해서 건축사에게 세부계획을 전달하기 바란다. 덧붙여 시공사가 설계도면에 따라 시공을 잘하고 있는지 꼼꼼하게 잘 챙겨주는 건축사를 선정해야 한다.

1. 전기용량

주택과 상가건물의 전기 용량은 다르다. 또 상가건물이라 하더라도 업종의 성격에 따라 전기용량이 상이하다. 때문에 전기를 얼마나 쓰게 될지 미리 예상하여 설계도면에 명시하는 것이 좋겠다. 또 에어컨과 실외기 설치 위치를 미리 생각해 배관을 마련하도록 하고, 업소용 에어컨은 전용 배선을 설치해야 한다는 것을 참고하기 바란다. 전기 콘센트를 충분히 사용할 수 있도록 설비해두면 편리할 것이다.

2. 인터넷 배선

인터넷 배선은 기본적으로 설계되는 것으로 생각하겠지만, 사용 위치를 건축사에게 미리 말해두는 것이 좋다. 인터넷 배관은 최소 두 군데 회사의 인터넷 배선이 들어올 수 있도록 넉넉하게 하는 것이 좋겠다. 콘센트 배선과 너무 멀어지게 되면 전선들이 어지럽게 얽힐 수 있으니, 인터넷을 사용할 위치에 전기 콘센트를 여러 군데 만들어 놓으면 편리할 것이다. 설계할 때 인터넷, 전화 등의 사용 위치를 미리 정해두는 것이 건물 내부를 깔끔하게 정리하는 방법이다.

3. CCTV 설치

건물에 CCTV 설치 여부를 미리 생각하고 설계도면에 명시해두는 것이 좋다. 설계할 때 CCTV 설치 위치를 말해준다면, 건물 내부에 배관을 설치 할 수 있어 건물이 깔끔해질 수 있다. 만약 설계도면에 명시하지 않고 외벽 마감 후 CCTV를 설치하고자 하면 해당 배선이 외벽에 노출될 수밖에 없다. 이런 부분을 건축사가 먼저 챙길 수도 있지만, 필자의 경우처럼 그렇지 않은 건축사도 있으니 미리 챙겨보는 것이 좋겠다.

4. 간판 배선

상가건물이라면 어떤 업종이든 필수적인 것이 간판이다. 때문에 간판 설치 위치 등을 미리 정해두고 전기배선이 들어갈 수 있는 배관을 설치하도록 한다. 그렇지 않으면 건물 외벽에 배선이 노출되게 된다.

5. 건축자재

건물에 사용되는 건축자재를 설계도면에 상세하게 명시해야 한다.

설계도면에 지정해두지 않으면 건축주와의 협의 없이 타일, 변기, 조명 등의 건축자재를 시공사 임의대로 사용하는 문제가 발생할 수도 있다. 설계도면에 사용하고자 하는 건축자재와 그 회사명 등을 정확히 표기해야 한다. 건축자재 등을 결정했다면, 시공사 몇 군데에서 견적을 받아 시공사를 선정하도록 한다. 명시되지 않은 자재는 건축주와 상의한다는 내용을 계약서로 문서화하는 것이 좋다. 페인트칠하는 위치와 범위 등도 설계도면에 공지해두는 것이 좋겠다.

5. 창호

설계할 때 출입문이나 창문 등의 창호는 건물의 어느 위치에 낼 것인지를 신중하게 생각해야 한다. 이때 동서남북과 같은 창호의 위치만 생각해서는 안 된다. 창호의 크기 또한 염두에 두어야 한다. 사용 용도에 따라 창호의 크기가 적당한지 확인해야 한다.

만약 건물의 골격이 완성된 후에 창호의 크기를 확장하고자 하면, 추가비용이 발생하게 될 것이다. 예비 건축주 입장에서는 추가비용이 발생하는 것에 의문을 제기할 수도 있다. 하지만 이미 골격이 완성된 뒤에는 그것을 변경하기 어렵기 때문에, 건축주가 추가비용을 지출하는 것이 옳은 듯하다. 방화문, 유리문, 자동문, 수동문 등 창호의 자재와 성격 그리고 사용용도에 대해 신중히 생각한다면 정해진 예산 안에서 시공할 수 있을 것이다.

02 시공사 선정

건축하기 위해서는 시공사를 선정해야 하는데 이는 가장 어려운 부분일지도 모른다. 예비 건축주의 주위를 둘러보면 시공사를 운영하는 지인이 있거나, 지인이 알고 있는 시공사가 있을지도 모른다. 하지만 친형제가 운영하는 시공사라 하더라도 만족하기 어려운 것이 시공 과정이다. 가까운 사이일수록 사소한 일로 감정이 쉽게 상할 수 있을 뿐 아니라, 불만 사항을 말하기도 어려워진다.

시공과정은 예상치 못한 문제들의 연속이다. 시공사가 건축주와 소통하며 책임감 있게 시공에 임해야만 완성도 있는 건물을 지을 수 있을 것이다. 건물을 잘 짓는 기준을 정해두어야 분쟁이 일지 않고 만족을 얻을 수 있겠지만, 절대적인 기준을 정하는 것은 어려운 일이다. 때문에 예비 건축주는 설계도면에 입각해 시공되는지를 살펴 그 기준을 잡는 것이 좋겠다. 그럼 어떤 시공사와 계약하는 것이 좋을까.

필자의 경험담

필자가 설계 및 시공사 선정을 하는 데 고민을 하고 있을 때, 필자와 30년 된 지인이 시공사와 건축사를 소개해줬다. 건축사는 시공사가 연결해줬다. 필자는 그때부터 건축사에게 설계를 의뢰했다. 필자가 처음 생각했던 것은 지하1층에서 지상 4층까지 있는 건물이었다.

설계는 진행되고 있었지만, 시공사는 아직 선택하지 못했었다. 필자는 예상하고 있는 평당 시공비와 주변 상가건물의 시공비를 비교하기만 했다. 경험이 없는 상태라면 누구라도 필자와 같이 평당 시공비만 생각할 것이다.

필자는 시공사를 어떻게 선정할지 고민하며 지인이 소개시켜준 시공사에 가끔 자문을 구했다. 그럴 때마다 시공사에서는 이윤을 남기지 않고 해줄 테니 걱정하지 말라는 말을 했다. 필자의 마음을 이해하는 것 같아 고마운 마음이 들었다.

그럼에도 쉽게 시공사를 선택하지 못했던 것은 주변에서 들려오는 말들 때문이었다. 건물을 새로 짓기보다는 완공된 건물을 사는 편이 차라리 나을 것이라 했다. 건물을 짓다 스트레스를 받아 건강에 문제가 생긴 사람이 있다는 말도 들렸다. 이런저런 이야기를 듣다보니 걱정이 늘어나고 생각이 많아져 시공사 선정이 계속 늦어졌다. 하지만 더는 미룰 수 없어 고민 끝에 지인이 소개해준 시공사와 계약을 하기로 했다. 그런데 시공하기 전 그 시공사와의 금전거래가 문제가 돼 그 시공사와는 연이 끊어져 버렸다. 금전적인 문제가 있다 보니 또 다른 시공사를 만나는 게 겁이 났다. 시공에 들어가기도 전에 마음은 이미 지쳐가기 시작했다. 설계도면은 완성됐지만, 그대로 건물을 짓기가 겁이 났다. 그래서 지하층을 만들지 않기로 하고(1차 수정), 2층까지만 짓는 것으로(2차 수정) 변경했다. 두 번의 설계도면 변경으로 예상치 못한 설계비가 지출돼 버렸다.

여러 시공사와 상담을 해보았지만 쉽게 믿음이 생기지 않았다. 고민 끝에 건축사가 연결해준 시공사와 계약을 하게 됐다. 시공사를 선정하기까지의 과정이 너무 힘들어 건축사만 믿고 시공사를 선택한 것이었는데, 이때의 결정을 지금도 후회한다. 시공사를 선정할 때는 설계도면을 꼼꼼하게 살펴보는 것이 중요하고, 시공사의 경험 여부를 알아야 한다. 포트폴리오 없이 경험이 많고 잘 짓겠다는 말을 믿어서는 안 된다. 경험이 거의 없는 시공사가 맡게되면 크고 작은 문제점들이 종종 발생할 뿐 아니라, 건축주 역시 스트레스로 건강이 악화될 수 있다.

주의사항

필자의 경험을 바탕으로 시공사 선정에 대해 말씀을 드리고자 한다. 시공사를 선정하기에 앞서 반드시 생각해야 할 부분이 있다. 바로 설계도면이다.

설계도면에 변경·추가할 부분이 있는지 한 번 더 확인하도록 한다. 예를 들어 건축주가 동서남북에 출입문이 필요해 건축사에게 요청했다고 해보자. 설계사는 설계도면에 건축주의 요구를 명시하고, 시공사는 이에 따라 시공을 할 것이다.

여기서 건축주는 설계도면에 따라 동서남북으로 출입문을 낸 것을 확인하는 것에 그쳐서는 안 된다. 문의 크기와 종류(방화문, 유리문 등), 방식(자동문, 수동문 등)에 대해 건축사와 논의해야 한다. 또 열고 닫을 때 불편함이 없는 구조인지 등을 따져야 한다. 하지만 경험 없는 예비 건축주가 이런 부분까지 생각하기 쉽지 않다.

필자는 설계도면에 출입문 크기를 생각하지 못해, 필요한 것보다 작은 문이 만들어졌다. 그 문의 크기를 넓히느라 추가비용이 발생했다. 건축주는 추가비용 없이 출입문의 확장을 기대할 수도 있겠지만, 건물의 골격이 완성된 후에는 쉽게 수정하기 어렵기 때문에 추가비용을 지불하는 것이 옳겠다. 이런 문제들이 발생할 수 있기 때문에 시공사를 선정하기 전 설계도면을 꼼꼼하게 살펴야 한다. 설계도면이 완벽하게 정해진 뒤에 시공사를 선정하도록 한다.

선정된 시공사는 서울보증보험주식회사에서 계약이행보증서, 이행(선급금)보증보험증권을 발행받을 수 있어야 한다. 건물이 완공된 뒤에는 하자이행보증서를 발급을 확인한 뒤에 잔금을 지불하도록 한다. 이를 거부하는 시공사와의 계약은 지양하는 것이 좋다. 100% 다 그런 것은 아니지만 시공이 실패하거나 연락이 두절되는 시공사가 있는 것도 염두에 두어야 한다. 보증서를 발행받을 수 없는 시공사는 기본적인 자금능력이 없는 곳이라 판단해도 무방할 것 같다. 그런 시공사는 시공 도중 추가 자금을 요구하거나, 최악의 경우 시공이 중단되는 경우가 발생할 수도 있으니 반드시 이행(선급금)보증보험증권을 발행받은 뒤에 계약금을 주도록 한다.

견적서 상의 시공비가 차이가 없다면 지인이 운영하거나 연결해준 시공사와 계약하고 싶겠지만, 오히려 사소한 불만을 터놓지도 못하고 소통이 어렵게 되는 경우가 많으니 객관적으로 신뢰할 수 있는 다른 시공사를 선정하는 것이 좋겠다.

건축주 건축주는 어떤 모양과 형태의 건물을 지을 것인지 마음속에 설계를 해 두어야 한다.

건축사 선정 건축사가 선정되었다면 마음속에 설계해두었던 것을 건축사와 의논하여 본 설계에 들어가야 한다. 설계가 잘 되어야 건물을 잘 지을 수 있다. 비용보다는 꼼꼼한 설계를 해주는 건축사를 만나는 것이 더 중요하다.

시공사 선정 시공사 선정이 되었다면 부실공사가 되지 않도록 계약서에 꼼꼼히 명시한 후 계약서에 도장을 찍는 것이 좋다.

03 계약서 작성

필자의 계약서

민간건설공사 표준도급계약서 양식은 생략

필자의 시공비 지급방법

- 계약금: 시공비의 20%

- 1차 기성: 시공비의 30%(골조공사 마감 후)

- 2차 기성: 시공비의 30%(창호공사 마감 후)

- 잔금: 시공비의 20%(사용검사 후)

*계약이행보증서, 이행(선급금)보증서, 하자이행보증서 첨부(서울보증보험주식회사)

필자는 시공사를 선정하는 과정도 힘들었지만, 시공을 하기 전부터 금전적 손실이 있었다. 건물을 지어본 적이 없는 경험부족과 사람을 너무 믿어 발생한 일이었다. 필자는 건축사의 소개로 시공사와 계약하게 됐다. 이미 심적으로 지쳐있었던 탓에 계약서를 제대로 읽어보지 않고 계약서에 도장을 찍었다. 문제는 얼마 지나지 않아 발생했다. 사업자등록증의 명의가 시공사 대표가 아니라 다른 사람의 명의로 발행돼 있었던 것이다. 시공사에게 전후사정을 물어봤지만, 문제될 게 없으니 걱정하지 말라고만 했다. 거기까지는 필자도 시공사의 말을 믿었다. 대신 반드시 산재보험에 가입한 후 시공에 들어가야 한다고 말했다. 시공사는 아무 염려하지 말라고 했다. 하지만 그 시공사의 말은 진실이 아니었다.

시공에 들어갔을 때 필자가 가장 먼저 불안해했던 것은 산재보험에 가입하지 않았다는 사실이었다. 산재보험 없이 시공을 강행하다 혹 사고가 발생하기라도 하면, 수습은 건축주의 몫이 될 터였다. 건축주인 필자는 점점 더 좌불안석이 돼 갔다. 결국 시공사는 건축주의 이름으로 산재보험 서류를 작성해 왔고, 필자가 보험금을 지불하는 것으로 결정됐다. 예상치 못한 금액을 지출하기는 했지만, 보험금을 내고 나니 마음이 편해졌다. 당장의 보험금이 아까워 산재보험에 가입하지 않는다면 나중에 더 큰 화로 돌아올 수도 있었다.

산재보험은 건축주와 시공사가 계약할 때 누가 책임질 것인지를 확실하게 짚고 넘어가야 한다. 건축 경험이 없는 예비 건축주들은 이런 부분까지 알기 어려울 것이다. 필자는 이 책으로 실제 경험했던 일들을 상세히 전달해 예비 건축주들이 건물을 좀 더 잘 지을 수 있도록 도와주고 싶다.

주의사항

건축주는 시공사와 계약할 때 주의할 점이 몇 가지 있다. 몇 번 미팅을 한 것으로 계약을 해서는 안 된다. 시공사와 계약할 때는 시공을 해본 경험이 있는지 여부를 먼저 알아야 한다. 말로 풀어내는 것을 그대로 믿어서는 안 된다. 직접 시공한 자료(포트폴리오)를 확인해야만 한다. 자금이 부족한 시공사와 계약을 하는 것 역시 위험하다. 지인의 소개로 알게 된 시공사에 이러한 사항을 자세하게 물어보기 어려울 것이다. 왜냐하면 연결해준 지인은 이 시공사가 경험이 많고 자금이 충분하다, '라고' 말할 것이기 때문이다. 때문에 지인을 통해 알게 된 시공사와의 계약은 지양하는 것이 좋다.

그리고 본인 앞으로 사업자등록이 되어 있는 시공사인지를 확인해야 한다. 건물을 잘 지어주겠다, 라고 미팅을 잘 끝내 놓고 막상 계약서에 도장을 찍으려 확인을 해보면 본인 명의의 사업자등록증이 아닌 경우가 있을 것이다. 혹은 아무 의심 없이 도장을 찍은 후에야 다른 사람의 건설면허를 빌려 시공사를 운영하고 있다는 사실을 알게 될지도 모른다. 계약을 할 때 건물을 지을 생각에 계약서를 꼼꼼히 살펴보지 않을 수도 있다. 계약금을 계좌로 입금할 때에야 명의가 다르다는 것을 알게 되는데, 그때는 이미 늦은 것이다. 계약을 취소하기도 어렵다(필자의 실제 경험이다). 본인 앞으로 사업자등록이 되어 있지 않다는 것은 다른 사람의 명의를 빌렸다는 의미이다. 시공비의 일부를 그 명의자에게 수수료로 지급할 여지도 있다. 그렇게 되면 시공사의 이윤이 줄어들어 부실공사로 이어질 가능성도 있다. 때문에 시공사와 계약을 할 때는 본인 명의로 사업체를 운영하는지, 시공 경험이 있는지 여부를 확인해야만 한다. 말만 듣고 계약을 하게 되면 부실공사로 이어질 뿐 아니라, 시공사와 분쟁이 생길 수도 있다.

그리고 계약서에 중요한 사항들은 반드시 명시를 한 뒤 계약을 체결해야 한다. 설계도면에 이상은 없는지를 확인하고 사용할 건축자재 등에 대해 공지하는 등 중요한 부분들에 대해 문서화해두어야 할 것이다. 계약서 특약에 명시를 해두고 이행하지 못했을 때의 책임사항도 적시해두어야 시공사와의 갈등을 예방할 수 있다. 이렇게 계약서를 확실하게 마련하게 되면 추후 법적 문제가 발생했을 때 증거가 될 수 있다.

04 산재보험 가입

산재보험이란 근로자가 업무와 관련하여 질병, 부상, 사망 등의 재해를 입은 경우 이를 신속하고 공정하게 보상하기 위하여 사업주의 강제 가입 방식으로 운영되는 사회보험을 말한다.

시공에 들어가기 전 시공사와 건축주 중 산재보험 가입을 누가 할 것인지 분명하게 하고 넘어가야 한다. 건축주가 시공사에 산재보험 가입 여부에 대해 물어보았을 때, 시공사 측에서는 산재보험에 가입한 뒤에 시공을 한다는 말을 할 수 있다. 하지만 대형 공사가 아닌 소규모 공사인 경우 가입하지 않고 시공에 들어가는 경우가 있으니 꼭 확인해야 한다. 산재보험 납부영수증 사본을 시공사에 요청해서 확인하면 된다. 필자의 경우, 시공사는 산재보험을 가입했다고 했다. 이에 납부영수증을 요구하자, 시공사는 그제야 가입하지 않은 사실을 말하며 건축주가 보험료를 내도록 서류를 작성해 왔다. 산재보험은 결국 필자가 납부했다. 예비 건축주들은 이런 부분을 정확하게 확인해야 한다.

시공 계약 전에는 건축주가 '갑'이고, 계약 이후에는 건축업자가 '갑'이 되는 경우가 종종 있다. 계약서를 깔끔하게 작성해야 시공사와의 갈등이나 분쟁을 막을 수 있다. 어떤 경우건 산재보험에 가입하지 않고 시공에 들어가서는 안 된다. 보험료 생각에 산재보험 가입을 미루다 더 큰 재앙이 될 수도 있다. 때문에 산재 보험료만큼은 아까워해서는 안 된다. 필자 생각으로는 종합건설이 아닌 소규모 시공사와 계약을 했다면, 산재 보험료는 건축주가 납입하는 것이 안심될 수 있다. 물론 계약하기 나름이고, 계약금액에 따라 달라질 수 있겠지만, 산재보험만큼은 가입하고 시공에 들어가야 할 것이다.

05 기초공사와 철근작업

기초공사는 건물이나 큰 장비를 설치할 때 그 기반을 다지는 공사를 말한다. 필자는 건축주의 입장에서 기초공사부터 완공 때까지의 경험을 이야기하고 시공 중의 애로사항들을 사진과 함께 정리하여 경험 없는 예비 건축주들이 참고할 사항들을 공유하고자 한다. 사소한 일들을 미리 파악해서 시공사에 잘못된 관행을 지적한다면 시공사는 시공에 더 신경을 쓰게 될 것이다.

기초공사로 건물 층수에 따라 구조물을 지탱할 수 있는 지면이 만들어진다. 기초공사를 시작하기 전 토질 지반상태를 점검하기 위한 지질검사를 하게 된다. 지반에 따라 기초공사 방법이 달라지는데 건축주가 신경 쓸 부분은 아니다. 시공의 모든 과정은 시공사가 설계도면에 따라 하는 것이다.

한편 철근작업은 설계도면에 따라 철근과 철근을 묶어주는 것이 중요하다. 만약 철근 이음매가 제대로 묶여져 있지 않다면, 철근이 서로 붙지 않고 분리돼 버린다. 이 상태에서 콘크리트 타설 작업을 하게 되면 부실공사가 될 수밖에 없다. 철근들이 붙어 있는 상태에서 콘크리트를 타설하는 것이 건물을 더 튼튼하게 만들 수 있다.

필자의 경험담

이번에 처음 건물을 지어보게 된 필자는 땅을 파고 기초공사를 하는 과정을 지켜보기만 했다. 기초공사를 끝내고 나면 바닥에 콘크리트 작업을 하고 그 것이 굳어지면 스티로폼을 깔게 된다. 스티로폼은 습기가 올라오는 것을 방지하는 자재이다. 철근작업이 마무리 되고 배관공사를 하던 중 용접하는 일이 있었다. 그 도중에 바닥에 깔아놓은 스티로폼에 불이 붙었다. 순식간에 스티로폼이 타들어갔고 물로 불을 껐지만 스티로폼 일부가 녹아버렸다. 그 스티로폼이 타버린 자리에는 바닥의 콘크리트가 보였다. 철근작업이 끝난 뒤라 스티로폼을 바꿔 넣을 수도 없었다. 부주의로 타버린 스티로폼을 어떻게 할 거냐고 필자가 작업자에게 물어보자 문제없다는 답변만 돌아왔다.

　필자는 시공사와 작업자들이 안전에 대한 개념이 부족하다는 생각이 든다. 시공 중 발생한 화재들은 이러한 불감증에서 비롯된다고 느꼈다. 용접을 하는 작업자는 스티로폼 위에 물을 뿌려놓고 용접을 하던지, 아니면 바로 옆에 물을 준비해서 불이 붙으면 바로 끌 수 있도록 해야 하는데 그렇지 않은 부분이 아쉽다.

주의사항

바닥 기초공사는 습기를 차단하기 위해 스티로폼을 깔아놓고 타설작업을 한다.

스티로폼을 깔아놓은 위치에 용접할 일이 있다면 화재가 발생하기 쉬우니 반드시 안전에 신경을 쓰도록 한다. 미리 물을 뿌려놓고 용접을 하거나, 화재를 막기 위해 물을 준비해두고 작업을 하도록 한다. 스티로폼에 불이 붙어버리면 순식간에 타 버린다. 타버린 스티로폼을 다시 갈아 넣을 수 없으니 주의해야 한다.

그리고 설계도면에 철근의 생산지표기를 분명히 하는 것이 좋다. 표기를 하지 않으면 가격이 저렴한 중국산을 사용할 경우가 있다. 그러므로 사전에 중국산인지 국내산인지를 구별하는 방법을 알아두는 것이 좋겠다. 만약 녹이 슨 철근이라면 정품이 아니라는 것을 알아야 한다. 또한 철근작업에 사용된 철근과 설계도면상의 철근의 굵기와 간격을 확인할 필요가 있다. 설계를 할 때 건물에 사용되는 모든 자재의 정보(회사명, 제품명 등)를 표기해두는 것이 건축주 입장에서는 안심할 수 있을 것이다. 설계도면에 공지한 건축자재를 사용하지 않았을 경우 그에 따른 손해배상을 청구한다는 내용을 명시해서 시공사와 계약하는 것이 좋다.

06 배관공사

건축을 할 때 배관공사는 정말 중요한 부분이다. 사람도 겉모습보다 속이 튼튼해야 건강하게 오래 살 수 있다. 오장육부가 튼튼하지 못하면 장수할 수 없다. 건물도 우선 내부구조가 튼튼해야 물도 새지 않고 건물 수명도 길어지게 된다. 배관은 사람의 장기와 같은 것이기 때문에 배관공사 때 이음매를 잘 처리해서 물이 새지 않게 해야 한다. 현실적으로 건축주가 확인할 방법은 없지만, 시공 전 작업자에게 주의를 줘서 세심히 신경을 쓰도록 유도해야 할 것이다.

필자의 경험담

골조공사가 끝이 나면 유로폼(합판) 철거를 하게 된다. 필자 건물의 외장목수들은 아무런 거리낌 없이 유로폼을 아래로 던져버렸다. 하나하나 조심스럽게 철거를 해야 하지만, 본인들의 작업이 끝난 뒤라 그런지 다른 작업자들의 시공은 신경 쓰지 않는 모양이었다. 그 과정에서 바닥에 시공해둔 배관이 파손되었다. 시공사에 이를 알렸는데, 별 것 아닌 것으로 생각했다. 납득이 가지 않는 부분이다. 건축주 입장에서는 배관이 깨진 것을 수용하기 어렵다. 많은 자금을 들여 짓는 건물에 파손된 배관이 있다면, 그것을 수리해준다 하여도 불쾌한 일이다. 그렇다고 콘크리트 속에 들어있는 배관 전체를 새것으로 갈아 넣을 수도 없었다. 시공사 또는 외장목수들은 배관이 파손되지 않도록 보호 장치를 해둔다거나 최소한 조심하며 작업을 해야 했다.

골조공사 후 철거되는 유로폼(합판).

필자는 배관 파손 건으로 시공사와 결국 언성을 높였다. 배관의 수리를 요구했지만, 수리는커녕 파손된 배관 위에 스티로폼을 붙여버린 것이다. 외벽 드라이비트 공사를 하기 위해 붙이는 스티로폼이었다. 파손된 배관을 그대로 방치한 채 스티로폼을 덮어 드라이비트 작업을 하려고 했다는 사실에 필자는 충격을 받았다. 시공사는 나중에 수리해주겠다는 이해할 수 없는 말만 했다. 나중에 수리를 하려면 벽에 붙어 놓은 스티로폼을 다시 뜯어내야 하는데, 상식적으로 작업순서가 맞지 않다.

이뿐 아니라 옥상에 빗물 내려가는 배관도 문제였다. 이 배관은 높이에 맞춰 톱으로 잘 잘라내야 하는데, 그냥 큰 망치로 깨버렸다. 콘크리트 속에 들어있는 배관을 망치로 억지로 깨뜨리는 바람에 배관이 깨졌다. 깨진 배관 속으로 빗물이 들어가면 건물 내부로 흘러들어 스며들게 될 텐데, 너무 무책임하게 작업을 한다고 생각하니 속이 상했다.

1 유로폼 철거 과정에서 조심하지 않고 밑으로 던져 손상된 배관.

1 파손된 배관을 수리하지 않은 상태에서 스티로폼을 붙여놓았다.

배관 수리를 위해 스티로폼을 다시 뜯어야했다.

붙여놓은 스티로폼을 뜯어내고 깨진 배관을 수리했다.

1 파손이 되었던 배관 수리 후 뒤처리 방식.

주의사항

옥상 배관을 톱으로 깔끔하게 자르지 않고 망치로 쳐서 배관이 깨졌다.

건축에서 배관공사는 정말 중요한 부분이다. 주의해야 할 것은 배관공사를 한 뒤에 파손이 되지 않도록 관리하는 것이다. 바닥부분의 배관은 골조공사가 끝날 때까지 노출돼 있는데, 외장목수들이 골조공사가 끝나고 유로폼을 철거할 때 밑으로 그냥 던져버리는 경우가 있다. 이때 무거운 유로폼이 배관 파이프 위로 떨어지게 되면 파손될 수밖에 없다 시공사가 미리 신경을 써야 하고, 외장목수들도 조심해야 한다. 배관이 파손되지 않도록 주의해야 부실 공사를 막을 수 있다.

07 골조공사와 외장목수

골조공사에서 중요한 것은 콘크리트 타설 작업이다. 콘크리트를 타설할 때 바이브레이터vibrator라는 장비를 이용해 콘크리트 속에 에어를 넣어 콘크리트가 골고루 들어갈 수 있도록 진동을 넣는다. 이때 경험이 없는 작업자가 이 시공을 한다면, 말끔하게 마무리되기 어렵다. 표면이 거칠고 자갈만 보인다거나 철근에 콘크리트가 들어가지 않아 철근이 다 보이게 되는 경우가 생길 수 있다.

이 골조공사를 하는 작업자가 외장목수다. 철근공사가 끝나고 나면 유로폼을 철근 안팎으로 붙이는 작업을 한다. 골조공사를 하기 위해서는 유로폼을 핀으로 단단하게 연결해두어야 한다. 외장목수의 숙련도가 낮을 경우 유로폼을 제거했을 때 기초공사한 것과 1층 바닥이 반듯하지 않고 비틀어지게 된다. 기초바닥과 1층면이 서로 맞지 않게 되면 한쪽 외벽이 튀어나오게 된다.

이런 현상은 외장목수가 유로폼을 붙일 때 단단하게 붙이지 않았기 때문이다. 콘크리트가 골고루 타설되지 않아 철근 뼈대가 보이는 등의 문제가 발생하게 되는 것이다. 건물이 틀어지게 되거나 콘크리트 타설이 말끔하게 되지 않은 것은 외장목수의 숙련도 문제다.

표면이 거칠고 자갈이 보이는 콘크리트 타설작업.

1 철근공사 후 유로폼을 붙이는 작업

1 2 콘크리트가 튀어나와 외벽에 석공작업을 할 수 없어 벽을 드릴로 깨어내야만 했다.

주의사항

보통 경험이 없는 예비 건축주들은 외장목수가 어떤 일을 하는지 모르는 경우가 많다. 세세하게 알아둘 필요는 없지만 레미콘 한 대가 6루베(세제곱미터에 해당하는 현장용어)를 싣고 다닌다는 정도는 알아두는 게 좋겠다. 안팎에 붙여놓은 유로폼 속에 콘크리트를 넣을 때, 외장목수는 바이브레이터라는 장비를 사용한다. 이때 콘크리트 타설과 동시에 유로폼을 망치로 잘 두드리는 등 신경 써서 작업을 해야만 콘크리트가 빠짐없이 골고루 채워진다. 만약 대충 작업을 해서 유로폼 안으로 콘크리트가 제대로 들어가지 않게 되면, 유로폼을 철거했을 때 건물이 틀어져 있거나 철근 뼈대가 드러나는 경우가 발생할 수도 있다. 어떤 부분은 자갈만 들어가 보기가 좋지 않다.

콘크리트 타설 작업에 들어가기 전 시공사에 한 번 더 꼼꼼한 작업을 요구해서 주의를 기울일 수 있도록 해야 한다. 작업자가 최선을 다해도 콘크리트 양생이 말끔하게 되지 않는 것은 별 수 없는 일이지만, 그전에 책임감 있게 작업할 수 있도록 주의를 기울이는 것이 좋겠다.

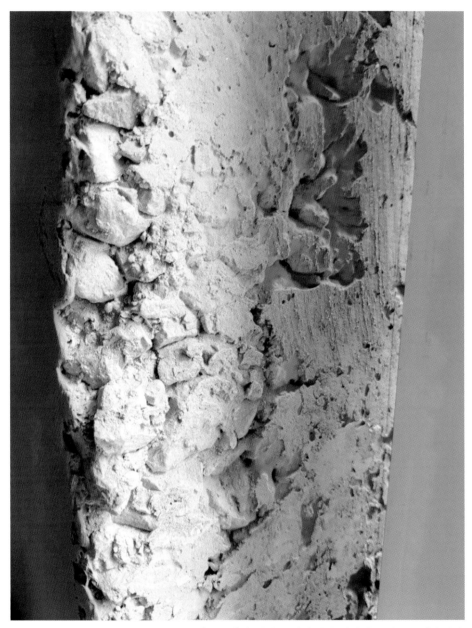

콘크리트(공구리)가 제대로 되지 않아 자갈이 그대로 드러나있다.

제대로 이루어지지 않은 타설 작업.

건축주와 시공사

콘크리트 타설 작업이 잘되지 않아 표면이 거칠거나 비뚤어진 것을 보게 되면 건축주는 심란해질 수밖에 없다. 하지만 이 작업 역시 사람이 하는 일이라 완벽하게 될 수 없음을 염두에 두자. 콘크리트가 불만족스럽게 양생된 부분은 미장작업을 할 때 매끈하게 보수할 수 있다. 때문에 건축주가 이런 부분에서 시공사와 지나치게 갈등을 일으키거나 시공비 정산을 거부하는 등의 문제를 일으켜서는 안 된다. 쉽게 수정 보완할 수 있는 부분에서 건축주가 예민해진다면 건물은 완공되기 어려워진다.

타설작업에 필요한 바이브레이터 장비.

08 전기배선공사

건축을 할 때 전기배선공사는 배관공사만큼 중요한 부분이다. 배관이 잘못되면 물이 누출될 수 있고, 전기배선이 잘못되면 전기 누전 등으로 화재가 발생할 수 있다. 때문에 전기배선공사도 건물의 외관보다 더 신경 써서 시공을 해야 한다. 하지만 건축주 대부분은 전기에 대한 전문지식이 부족해 어떤 요구를 해야 할지 정확하게 알지 못한다.

필자의 경험담

필자는 전기에 대한 전문지식이나 기술에 대해 잘 몰랐기 때문에 전기배선공사가 어떻게 시공되는지 알지 못했다. 때문에 건축사에게 배선을 튼튼하게 해달라는 정도로 밖에는 말하지 못했다. 건물이 거의 완공되어갈 때쯤 업소용 에어컨을 설치하기 위해 에어컨 설치기사가 사전점검을 왔을 때에야 잘못되었다는 것을 알았다. 설치기사가 업소용 에어컨은 일반 콘센트에 꽂아 사용할 수 없고 차단기에서 전용배선을 따로 빼내야 한다고 했다. 그렇지 않으면 과부하로 차단기가 내려가는 일이 생길 거라고 했다.

필자는 전기를 무리하게 사용하면 누전 가능성이 생겨 화재 발생 가능성이 높아질 것 같았다. 그래서 전기배선 작업자에게 에어컨 전용배선을 부탁하니, 그는 설계도면에 명시돼 있지 않아 배선을 따로 빼놓지 않았다고 했다. 문제는 에어컨만이 아니었다. 건물에 간판을 달아야 하는데 그 자리에 전기배선을 빼놓지 않아 간판을 밝히기 위해서는 전기선들을 건물 외벽에 노출시킬 수밖에는 없었다.

설계를 할 때 이러한 사소한 부분에 대해서도 생각을 했다면, 전기배선이 외벽에 노출되는 일은 없었을 것이다. 건축주가 말하지 않아도 건축사가 이런 부분을 염두에 두고 건축주와 상의를 했다면 좋았을 것이다. 시공을 진행하다보면 설계가 꼼꼼하게 잘 되었는지를 확인할 수 있다. 좋은 건축사를 만나야 만족스러운 건물을 지을 수 있다는 것을 실감할 수 있었다.

1 건물 외벽에 노출된 전기 배선.

주의사항

건축주는 설계를 하기 전 건물의 사용용도에 대해 먼저 고민해보아야 한다. 상가건물이라면 주택에 비해 전기 사용량이 많아지기 때문에 건축사에게 이에 대해 미리 상의해야 한다. 상가건물을 짓는다면, 어떤 업종이 들어올지도 생각해두는 것이 좋다. 입주하는 업종이 일반 사무실 또는 음식점이냐에 따라 전기 사용량이 달라지기 마련이다. 건축사와 충분히 소통을 하게 되면 더 꼼꼼하게 설계가 될 것이다.

꼭 챙겨야 할 전기배선

설계를 할 때 꼭 확인해야 할 전기배선은 광고간판, CCTV, 인터넷, 업소용 에어컨, 실외기 설치 위치 등이다. 이런 부분을 설계할 때 건축사에게 미리 언급한다면 배선이 밖으로 노출되지 않는 깨끗한 건물을 지을 수 있다. 예비 건축주가 이에 대해 말을 했을 때, 건축사는 당연히 반영한다는 태도를 취할 수 있다. 하지만 실제로 말하지 않으면 배선설계가 효율적으로 되지 않는 경우가 발생할 수 있다. 필자의 건물 역시 그러하다. CCTV, 간판, 에어컨 배선이 설계도면에서 누락돼 사용하기 불편할 뿐만 아니라 미관상으로도 좋지 못하다. 건축주는 경험 많고 책임감 있는 건축사와 시공사를 만나야 건물을 말끔하게 완공할 수 있다.

09 바닥공사

시공을 할 때는 충분한 양의 콘크리트로 타설 작업을 해야 한다. 이때 타설 작업은 동일한 날에 연속적으로 이루어져야 한다. 만약 잘못 판단한 탓에 콘크리트 양이 모자라 다음 날 작업을 이어 하게 되면 문제가 발생하게 된다. 같은 장소, 같은 날 콘크리트가 굳기 전에 타설 작업을 이어가야 분리되지 않고 하나로 뭉쳐 굳어질 수 있다. 그렇지 않으면 건물이 튼튼해질 수가 없다. 시공사가 콘크리트 비용을 절감하려거나 작업량을 잘못 생각하게 되면 문제가 발생하게 된다.

필자의 경험담

필자의 건물을 지을 때 콘크리트가 모자라 바닥에 철근이 드러났다. 타 시공사에 이와 관련해 문의를 하자 정상작업을 했다면 생길 수 없는 경우라고 했다. 하지만 필자와 계약한 시공사는 문제의 심각성을 전혀 인지하지 않았다. 필자는 시공사가 콘크리트 비용을 아끼려는 것으로 짐작하고 있다. 그렇지 않다면 다음날이라도 레미콘을 불러 바닥공사를 마무리했을 것이다.

철근 위에는 최소 3~5cm 정도의 콘크리트가 덮어져야 정상이다. 하지만 그렇지 못해 철근에 녹이 슬어갔다. 나중에야 다시 콘크리트 타설 작업을 했지만, 처음 작업한 콘크리트와는 잘 붙지 않고 곳곳에 금이 갔다. 건축주 입장에서는 속이 상하는 일이지만 시공사는 미안한 기색조차 없었다. 건축주가 비전문가라고 해서 시공이 잘못된 것을 무작정 무마하려고 해서는 안 될 것이다.

2층 바닥. 콘크리트 부족으로 철근이 노출되어 있다.

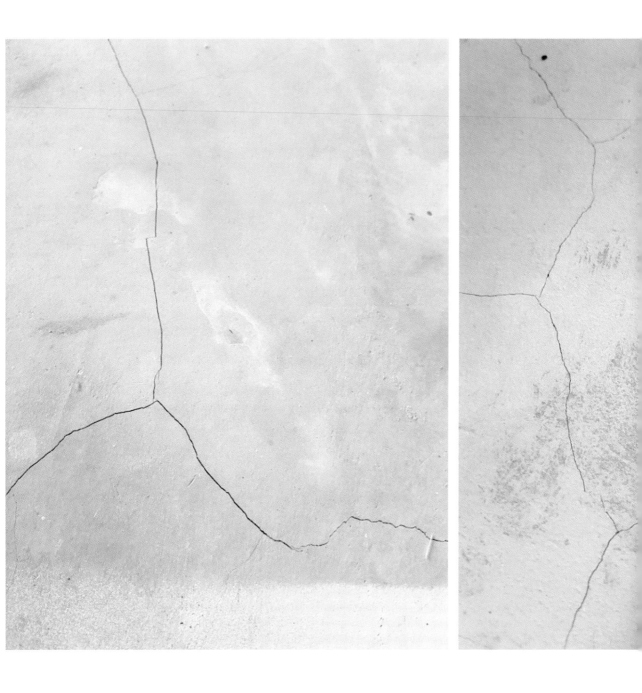

다시 타설작업을 하여 처음 시멘트와 잘 붙지 않아 금이가는 현상이 일어났다.

필자의 경험담

건축주는 콘크리트 타설 작업 시 콘크리트 양과 강도 등을 신경 써서 체크해야 한다. 경험이 없는 건축주는 콘크리트의 강도를 정확하게 파악하기 어렵다. 때문에 레미콘 회사에서 발행한 내역서 사본을 가지고 있는 것도 좋겠다. 그리고 콘크리트 타설 작업에 문제가 생겼다면 시공사에 책임을 물어야 한다. 콘크리트 양이 모자라 층이 얇게 됐는지, 시멘트 양을 줄여 그 비용을 절감하기 위해 물을 많이 섞어 강도가 약해졌는지 등 설계도면상에 명시된 것과 차이가 있는지 확인해야 한다.

이러한 문제들이 발생했을 때를 대비해서 시공사와 계약할 때, 사소한 부분들도 계약서에 문서화하는 것이 좋겠다. 특히 철근과 콘크리트 등 건물의 골격을 책임지는 자재들을 설계도면대로 사용하지 않을 경우 그에 따른 배상을 어떻게 할 것인지를 분명하게 해둔다면 시공사는 더 책임감 있게 시공을 해나가지 않을까 싶다. 건물은 기초 골격부터 튼튼해야 자연재해에도 쉽게 무너지지 않고 수명도 길어질 수 있다.

시공사는 갑, 건축주는 을

필자는 시공사를 무조건적으로 믿어서는 안 된다고 말하고 싶다. 모든 시공사가 다 그런 것은 아니지만, 계약하기 전과 후 그리고 시공 과정을 돌아보면 시공사는 갑이 되고 건축주는 을이 되는 기분이 든다.

앞서도 이야기했지만 필자가 이렇게 집필을 하게 된 것은 건물을 지으면서 경험하고 느꼈던 것이 많았기 때문이다. 시공사와 계약을 할 때 계약서 작성이 무엇보다 중요하다는 것을 뼈저리게 실감했다. 말로 주고받는 것은 아무 소용없다. 설계도면 작성부터 시공사와 계약하고 그것을 이행하기까지 신중하지 않으면 후회하게 될 일이 한두 가지가 아니다. 예비 건축주들은 필자가 말하는 모든 부분을 하나하나 마음속에 새겨 필자처럼 부실공사를 경험하는 일이 없기를 바란다.

10 미장작업

시공을 하다보면 콘크리트 속에 나무가 박혀 있는 것을 발견할 수 있다. 이때 박혀있는 합판이나 나무토막을 떼어내지 않고 미장(건물 공사에서 벽이나 천장 등에 시멘트를 바르는 일)을 하게 되면 훗날 그 나무가 썩었을 때 나무가 박혀 있던 곳으로 물이 샐 수 있다. 그러므로 콘크리트 속에 나무가 박혀 있다면 반드시 떼어낸 뒤에 미장작업을 해야 한다.

필자의 경험담

골조공사가 끝난 필자의 건물에는 콘크리트 속에 나무들이 많이 박혀 있었다. 콘크리트 속에 나무가 박히는 것은 외장목수들의 작업 중에 발생하는 것으로 숙련도가 높은 목수라 하더라도 종종 일어날 수 있는 일이다. 문제는 박혀 있는 나무를 떼어내고 미장을 해야 하는데, 작업자들이 이것을 귀찮게 여길 수 있다는 것이다. 필자가 박혀있는 나무를 직접 떼어내기도 했다. 그러다가 망치로 손등과 손가락을 때리는 사고가 일어나기도 했다. 시공사는 콘크리트 속에 박혀 있는 나무를 필자가 직접 떼어내지 않아도 작업자들이 알아서 제거할 거라고 안심시켰다. 하지만 건축주 입장에서는 그 과정 없이 미장을 해버릴까 염려스러운 마음에 작업을 할 수밖에 없었다. 작업자들이 여러 군데 박혀있는 나무들을 다 제거할 수 있을지 안심되지 않았다. 특히 높은 천장 모서리에 박혀 있는 나무를 떼어내기가 만만치 않아 보였다. 시공사는 필자를 꾸준히 설득시켰고, 필자는 옥상에 박혀 있던 나무 일부를 떼어내다 현장에서 물러났다.

 머칠이 지나 현장을 살폈을 때, 2층 바닥부분에 박혀있던 나무들이 보이지 않았다. 대신 시멘트로 덮여 있었는데, 불길한 마음에 그 부분을 깨뜨려봤다. 나무는 여전히 박혀있었다. 떼어내기 귀찮아 그 위에 시멘트를 덮어버린 것이다. 필자는 실망스러움을 감출 수 없어 시공사에 바로 전화를 걸었다. 시공사는 자신들이 내내 현장에 있을 수도 없는데 자신들에게 화를 내면 어떻게 하냐고 되레 짜증을 냈다. 시공사의 날선 태도에 필자는 충격을 받았다.

 건축주는 시공사를 믿고 건물을 짓는 것이다. 하지만 이처럼 부실공사가 되고 있는데도 시공사는 사과 한 마디 하지 않는다. 아무리 공사기한이나 인건비 등을 절감하려는 의도였다고 해도 콘크리트에 박혀있는 나무를 떼어내지 않고 미장작업을 해버린 것은 건축업을 할 자격이 없다고 생각된다.

집을 한 번 지을 때마다 10년이 늙는다는 말이 이해가 됐다. 필자가 시멘트 안에 박혀있던 나무를 꺼내지 않았다면, 그곳으로 빗물이 새어들어 건물의 수명이 짧아질 것이라는 생각에 아찔해진다.

1 콘크리트 속에 박힌 나무를 제거한 자리

박힌 나무 위에 시멘트가 덮어져 있는 것을 필자가 직접 시멘트를 깨고 제거했다.

박혀있는 나무가 썩으면 그 자리가 누수의 원인이 될 수 있다.

주의사항

경험이 없는 예비 건축주는 콘크리트 속에 나무가 박히는 경우가 있다는 것을 알 수 없다. 외장목수들이 유로폼을 신경 써서 깔끔하게 붙여야 하는데, 대충 작업을 하고 콘크리트 타설 작업을 하게 되면 콘크리트 속에 나무가 박힐 수밖에는 없다. 이 시공은 외장목수의 경험과 기술이 무엇보다 중요한 비중을 차지한다. 물론 사람이 하는 일이라 콘크리트 속에 나무가 박히는 경우가 발생하기는 한다. 하지만 박혀있는 나무는 제거한 뒤에 다음 작업을 이어가는 것이 옳다. 이를 주의해야 하는 시공사가 인건비 문제 등으로 제거 작업을 하지 않을 수도 있다. 때문에 건축주는 나무가 박혀있는 곳을 사진으로 찍어놓고 제거 작업을 거친 뒤 미장작업에 들어가는지 확인해야 한다. 미장작업이 완료된 후에는 제거 여부를 알아볼 방법이 없다.

11 안전문제

건축주와 시공사 그리고 일선에서 일하는 작업자들 모두 안전에 신경 써야한다. 안전이 무엇보다 최우선 되어야 한다. 하지만 필자의 건축현장에는 작업자들이 안전을 생각하지 않고 일하는 모습을 많이 볼 수 있었다. 산재보험에 가입하기는 했지만, 시공사와 작업자는 안전의 중요성을 무시한 채 시공을 했다. 여기에서 안전이란 작업 중인 작업자들에게만 국한된 것이 아니다. 행인이나 현장에서 대기하고 있는 작업자들에게도 안전사고가 발생하지 않도록 현장의 정리정돈을 잘해야 할 것이다.

필자의 경험담

10층짜리 대형 건물 건축 현장이 더 위험하고 2층짜리 소형 건물의 그것이 덜 위험한 것은 아니다. 때문에 필자는 늘 현장의 안전에 신경을 썼다.

배관공사를 했던 작업자가 파손된 배관을 확인하기 위해 현장을 재방문한 적이 있었다. 필자는 작업자에게 문제의 배관을 보여주려고 1층 뒤쪽으로 나갔다. 그 순간 철근들이 눈앞에 떨어졌다. 2층에서 미장작업을 하기위해 바닥청소를 하면서 사용하다 남은 철근들을 확인도 하지 않고 밑으로 던져버린 것이다. 단 일초만 더 빨리 걸음을 옮겼다면 필자 머리 위로 철근이 떨어졌을 것이다.

사고는 언제 어디에서 일어날지 알 수 없다. 만약 이때 운이 나빴다면 필자는 목숨을 잃었을지도 모른다. 건축주나 시공사는 기본적으로 안전에 대한 개념을 가지고 있어야 한다. 더불어 안전모는 필수다. 아무리 바빠도 안전 매뉴얼을 지키면서 작업을 해야 한다.

주의사항

반드시 산재보험을 가입한 뒤에 시공에 들어가야 한다. 시공사와 건축주가 산재보험 가입을 서로 미루다 사고가 발생하면 더 난감한 상황에 맞닥뜨릴 수 있다. 산재보험에 가입하지 않는 것은 음주운전과 다를 게 없다.

산재 보험료는 시공사와 계약을 할 때, 누가 납입할 것인지를 분명하게 결정해야 한다. 계약금에 따라 납입자가 달라질 수 있겠지만, 대형 공사가 아니라면 건축주가 부담하는 것이 좋겠다. 시공사가 산재보험에 가입하지 않고 시공에 들어갈 수도 있기 때문이다. 보험료가 부담돼 산재보험에 가입하지 않으면 사고가 발생했을 경우 더 큰 문제가 발생하게 된다. 때문에 반드시 산재보험에 가입한 뒤에 안전하게 시공을 하도록 한다.

1 작업자가 2층에서 철근을 던진 곳. 큰 사고가 날 뻔 했다.

안전한 작업이 언제나 필수다.

12 　단열재

단열재는 일정한 온도를 유지하거나 열을 차단하기 위해 사용하는 재료를 말한다. 설계도면에 따라 건축물 외벽이나 안쪽에 부착한다.

필자의 경험담

필자는 건물 안쪽에 단열재를 붙이도록 설계되어 있던 것을 시공 중에 변경했다. 단열재를 건물 안쪽에 붙이게 되면 단열재의 폭만큼 실사용 면적이 줄어들게 된다. 반면 외벽에 붙이게 되면 단열재의 폭만큼 건물의 부피가 커지게 된다. 단열재의 위치에 따라 장단점이 있지만 보통 외벽에 단열재를 붙이는 것을 선호한다. 건축사가 필자와 상의 없이 왜 건물 안쪽에 단열재를 부착하고자 했는지 지금도 알 수 없다. 설계과정에서 미리 의논되었다면 불필요한 수정작업과 그로 인한 부작용은 발생하지 않았을 것이다.

건축 경험이 없는 예비 건축주는 설계도면을 읽는 데 불편함을 느낀다. 설계도면을 본다 하여도 쉽게 이해하기 어렵고 시공 현장에 집중하느라 여유가 없기 때문이다. 필자는 단열재가 건물 안쪽에 붙이도록 설계돼 있는 것을 알지 못했다. 설계도면상의 건물 형태와 구조만 확인했을 뿐 사소한 부분까지 읽어내지 못했다. 건축에 대한 전문지식이 없으니 설계도면을 보는 것이 까다롭기만 했다.

단열재 위치에 대해서는 시공사가 의문을 제기해서 알게 됐다. 시공사는 단열재를 건물 안쪽에 붙이면 실사용 면적이 좁아지니 외벽에 붙이는 것이 어떻겠냐며 제안해왔고, 필자는 거기에 동의했다. 그 결과 건물의 실사용 면적이 넓어졌고 건물은 그만큼 부피가 커지게 됐다.

설계 당시 내장 단열재를 건물 안쪽으로 붙이게 설계되었다.
튀어나온 기둥 안쪽으로 단열재가 들어간다.

주의사항

설계를 할 때 단열재의 위치가 건물 안쪽 혹은 바깥쪽인지를 확인할 필요가
있다. 특별한 경우가 아니라면 단열재는 외벽에 붙이는 편이 좋을 것 같다.
건축사와 충분히 소통을 한 뒤 결정하도록 한다.

13 창호

창호窓戶는 온갖 창과 문을 통틀어 이르는 말이다. 창호의 문틀도 재질과 회사에 따라 종류가 다양하고 장단점이 있다. 때문에 출입문부터 창틀에 이르기까지 어떤 회사의 제품을 사용할 것인지 설계할 때 명시하는 것이 좋겠다. 건축주가 알아두어야 할 것은 건축자재에 따라 시공비가 올라간다는 점이다. 저렴한 시공비로 좋은 자재를 사용한 건물을 짓고자 하는 것은 건축주의 욕심이다. 시공사도 이윤이 남아야 시공에 대한 책임을 다할 수 있다. 좋은 자재를 사용하겠다는 약속을 했더라도 설계도면에 명시돼 있지 않으면 시공사는 품질이 낮은 자재를 사용할 수 있다. 좋은 자재 사용으로 인해 이윤이 줄어드는 것을 원치 않기 때문이다. 건축주는 견적이 저렴하다고 좋아할 것이 아니라 그 내용을 살펴 시공사가 얼마나 책임감 있게 임하느냐를 더 중요하게 생각해야 할 것이다.

건축주는 기본적으로 설계할 때 창호를 어느 위치에 둘 것인지를 결정한다.

하지만 위치만 생각할 뿐 크기까지 생각하는 것은 쉽지 않다. 이 부분도 잊지 말고 설계해야 한다. 건물의 어느 위치에 어느 정도의 크기로 창호를 낼 것인지 신중하게 정하도록 한다.

필자의 경험담

필자는 설계를 할 때 건물의 사용방안에 대해 건축사와 상의를 했다. 상가 건물로 짓게 되는 것을 감안해서 그에 맞는 출입문을 설계도면에 기재해달라고 했다. 미처 문의 크기에 대해서는 건축사와 상의하지 못했다. 골조공사가 끝난 뒤에야 생각보다 출입문의 너비가 좁다는 것을 알게 됐다. 설계를 할 때 건축사가 이 부분에 대해 건축주에게 한 번쯤 확인 작업을 해준다면 좋을 것 같다.

문의 크기를 넓히고 싶었지만 이미 콘크리트가 굳어진 후였다. 시공사와 의논 끝에 두 개의 출입문 중 하나는 추가비용을 들여 넓히기로 했고, 다른 하나는 그대로 사용하기로 했다. 하지만 그대로 사용하기로 한 출입문은 설치가 잘못돼 열 수 없었고, 건물 외벽이 비뚤어지기까지 했다. 문의 크기도 작은 데다 위치마저 잘못돼 건물이 미관상 보기 좋지 않게 된 것이다.

출입문을 사용할 수 없게 된 것은 설계도면에 내부시공으로 명시돼 있던 단열재를 외부에 붙였기 때문이라는 게 시공사의 설명이었다. 단열재 위치 변경 사항은 시공사와 협의해 수정한 부분이었다. 시공사가 이런 내용을 알고 있었기 때문에 수정한 부분에 대비해 출입문을 설치했다면 좋았을 것이다.

그밖에도 설계도면에 창문이 표시돼 있는데도 그것을 무시, 옹벽을 쳐버린 경우도 있었다. 외장목수들이 창문 위치에 유로폼을 붙여버린 것이다. 필자가 외장목수와 시공사에 항의를 하자 나중에 간단하게 창문을 낼 수 있으니 걱정하지 말라고 했다. 하지만 간단한 게 아니었다. 톱으로 콘크리트 옹벽을 잘라내야만 했다. 옹벽을 자르는 데 발생한 먼지가 골목을 가득 메웠다. 이에 민원이 빗발쳤고, 필자는 주변 건물을 돌며 양해를 구해야 했다. 이 작업 역시 깔끔하게 처리된 것은 아니었다. 옹벽을 잘라내는 과정에서 사용된 망치가 창틀 주변의 콘크리트를 파손하여 지저분해졌다.

출입문 설치가 잘못되어 건물 외벽이 비뚤어질 수 밖에 없었다.

외장목수가 설계도를 무시하고 유로폼을 붙이고 옹벽을 쳐버려
창문을 다시 내는 과정에서 창틀이 지저분해졌다.

주의사항

건축주는 설계 과정에서 창호의 크기와 위치에 대해 건축사와 충분히 논의해야 한다. 사용용도에 따라 일정한 너비와 높이를 가져야 하는 것이 있다. 때문에 어떤 용도로 사용할 것인지를 신중하게 생각해서 건축사와 소통하는 것이 좋다. 건축사는 예상되는 건물의 모든 쓰임을 건축주만큼 알지 못하기 때문에 건축주는 시공하고자 하는 건물을 스스로 꼼꼼하게 설계한 뒤에 건축사와 설계도면 작업을 시작해야 한다. 이렇게 해야지만 추가비용과 불필요한 파손을 막을 수 있을 것이다.

설계도면 상의 창문 위치에 유로폼을 부착했다면, 콘크리트 타설 작업에 들어가기에 앞서 유로폼을 즉시 해체한 뒤 창문을 만들어야 한다. 처음 설계할 때 창호의 위치와 크기 그리고 자재 등을 꼼꼼히 따져 결정하도록 한다.

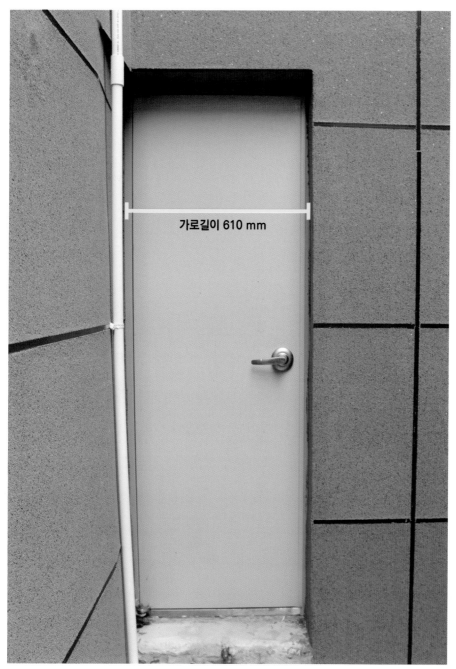

가로길이 610 mm

방화문 간격이 좁아 사용에 불편함이 많다.

14　건축자재

건축 설계를 할 때 경험이 없는 예비 건축주는 평당 시공비에 대한 생각부터 하는 것이 일반적이다. 필자 역시 그랬다. 하지만 시공비는 집의 면적에 따라 달라진다기보다는 어떤 자재로 어떻게 짓느냐에 따라 달라진다. 시공비를 적게 들여 건물을 짓는다면 좋은 자재를 사용할 수 없고 완성도도 떨어질 수밖에 없다. 건축주는 이 부분을 알아두어야 한다. 건축에 대한 경험이 없어 평당 시공비에만 의존하게 되면 건물의 실제 완공 모습을 예측할 수 없다. 골조 공사가 끝나고 외장 및 내장 마감에 들어가게 되면 그제야 어떤 자재(마감재)를 사용하느냐에 따라 건물의 모양과 디자인이 달라진다는 것을 알게 된다. 외벽 마감을 석재로 할지 아니면 드라이비트로 끝낼 것인지를 결정해야 하는 것도 그 때문이다. 평당 시공비를 따질 것이 아니라 어떤 자재로 건물을 어떻게 시공할 것인지를 생각해야 한다.

　처음 건축주가 된다면 필자처럼 드라이비트가 어떤 마감재인지 정확히 알지 못한다. 그저 건축사가 제시하는 대로 건축자재를 선택하게 되는 경우가 종종 발생하게 된다. 하지만 건축주는 자신이 기대했던 건물의 디자인과 구조 등을 생각하며 어떤 자재를 사용하는 것이 가장 합리적일지 미리 결정해 두어야 한다.

드라이비트 마감재.

필자의 경험담-마감재

필자가 건물을 지으면서 가장 후회했던 부분은 설계 과정을 꼼꼼하게 챙기지 못한 것이었다. 시공사를 선정하는 데 난관을 겪으면서 설계도면에 충분히 신경을 쓰지 못했다. 특히 건물에 사용될 건축자재를 설계도면에 명확하게 제시하지 못한 것이 많이 아쉬웠다. 시공사와의 갈등을 방지하기 위해서는 건축자재를 미리 정해서 설계도면에 공지하는 것이 좋을 것 같다. 수도꼭지 하나도 제조회사가 다양하고 가격대도 천차만별이다. 이를 지정해두지 않으면 시공사가 임의로 결정해서 시공하게 된다. 그렇게 선택된 자재의 품질이 우수하기를 기대할 수만은 없다.

필자의 건물은 1층 외벽과 바닥은 석재, 2층은 드라이비트(외부단열마감시스템)로 마감을 하도록 설계되어 있었다. 하지만 드라이비트 소재가 화재에 취약한 단점이 있다는 것을 알게 돼 2층 역시 석재로 마감하기로 하였다. 자재를 변경했을 때는 단순하게 드라이비트 비용을 제외한 금액을 정산하면 되겠다고 생각했었다. 하지만 수정된 시공사의 정산내역을 정확하게 알 수 없다. 시공 중간에 변경했기 때문에 이는 건축주가 감수할 수밖에는 없는 부분이다.

때문에 처음 설계를 할 때부터 신중하게 생각하고 결정해야 한다. 시공 도중에 변경이 되는 부분에 대해 건축주와 시공사 간에 갈등이 생길 수 있다. 가능한 설계도면 그대로 시공을 진행하는 것이 좋다. 설계할 때부터 어떤 건축자재를 사용할 건지 미리 꼼꼼하게 살펴 설계도면을 수정하는 일이 없도록 해야 할 것이다.

석재와 드라이비트로 각각 마감한 건물.

시공자가 일방적으로 사용했던 자재가 녹이 슬고있다.

필자의 경험담-화장실

화장실에 사용되는 주요 자재는 변기와 타일이다. 타일은 점토를 구워서 만든 겉이 반들반들한 얇고 작은 도자기 판을 말하며 벽이나 바닥 따위에 붙여 장식하는 데 주로 사용된다. 디자인이 다양한 변기와 타일은 어떤 것을 사용하느냐에 따라 화장실의 분위기가 달라질 수 있다. 때문에 결정된 자재가 없다면, 시공사가 보유하고 있는 샘플 하다못해 색상만이라도 건축주와 상의하는 것이 기본이라고 생각한다. 하지만 필자의 시공사는 아무런 상의 없이 작업자가 임의로 선택해 시공을 해버렸다. 이러한 일방소통은 건축주와 시공사 간의 불신만 조장할 뿐이다.

예비 건축주는 설계도면에 화장실의 변기와 타일 등 사용하고자 하는 자재를 명시해두는 편이 좋겠다. 이런 과정을 거친다면 시공사와의 불편한 갈등이 생기는 것을 방지할 수 있다.

샘플도 보여주지 않고 일방적으로
시공해버린 화장실 내부.

사용도 하기 전에 화장실 문틀이
지저분해지고 있다.

화장실 환기휀이 설치되지 않아
겨울에도 문을 열어놓고 사용해야 한다.

15 석재

석재 인테리어는 건물 외벽이나 바닥, 계단 등에 석재로 마감하는 것을 말한다. 건물에 사용되는 석재의 종류는 다양하다. 일반적으로 거창석, 포천석, 마천석, 고흥석, 문경석, 사비석, 씨블랙 등이 많이 사용되고 있다. 석재의 가격은 종류에 따라 다양하다. 건물 외벽에 석재 마감을 하게 되면 일반적인 드라이비트 마감을 했을 때와는 달리 건물의 디자인이 고급스러워질 뿐 아니라 그 가치도 높아진다.

필자의 경험담

필자는 석공회사에서 외벽과 계단 그리고 바닥에 사용된 석재를 선택하고 석공사를 시작했다. 석재로 외벽을 마감하는 작업을 며칠간 하다가 그 양이 부족해 석공회사에서 석재를 다시 싣고 현장으로 왔다. 그런데 그 석재는 다른 곳에서 이미 사용했던 자재였다. 그것을 확인한 순간 필자는 충격을 받았다. 이미 어딘가에서 사용돼 에폭시가 붙어 있는 돌을 새 건물에 마감재로 사용하려 한 것이었다. 당연히 새 석재를 사용하는 것으로 인지하고 계약 및 정산을 한 것이었는데 중고 석재라니, 당황스럽기만 했다.

필자는 작업자에게 중고 석재를 사용해서는 안 된다고 확고하게 말했다. 도배를 해달라고 비용을 지불했는데 남의 집에 붙어있던 도배지를 가져와 도배를 했다면, 그것을 이해할 사람은 아무도 없을 것이다. 필자는 작업자에게 수차례 중고 석재 사용에 대한 거부의 뜻을 밝혔고, 작업자는 이에 수긍하는 듯했다.

그런데 필자가 점심을 먹고 현장으로 돌아오니 중고 석재 몇 장이 보이지 않았다. 필자가 자리를 비운 사이 중고 석재를 사용해버린 것이다. 작업자에게 왜 중고 석재로 마감을 계속 했는지 따져 물었다. 작업자는 석재 한 장만 붙였다며 부인했다. 트럭에 싣고 온 석재가 총 12장이라는 것을 필자가 알고 있는데도 작업자는 계속 아니라고만 했다.

결국 필자는 CCTV에 녹화된 영상을 스마트폰으로 옮겨 작업자에게 보여줬다. 그 영상에는 석재 12장을 내리는 장면이 고스란히 담겨 있었다. 하지만 작업자는 그 사실을 끝까지 부정했고, 결국 언성이 높아질 수밖에 없었다.

그 순간에는 작업자를 비롯한 석공회사가 사기꾼으로 보였다.

시공 과정에서 맥이 빠지게 만든 일이 한두 가지가 아니었다. 거기다 중고 석재까지 사용하려는 하도급업체를 대하자 더는 견디기 힘들었다. 필자는 이 때부터 두통이 더 심해졌고, 불면증 때문에 잠을 이룰 수도 없었다. 끝내는 화병까지 얻어 일상생활에도 지장이 생겼다. 시공사와 하도급업체 그리고 작 업자를 대하는 것이 불편해졌고, 간단한 대화를 하는 것도 거부감이 들었다. 해결할 수 없는 분노만 쌓여갔다. 그때의 일만 생각하면 시공사를 비롯한 석 공회사의 상호를 밝히고 싶지만 마음속에 담아두기로 했다. 석공회사를 비롯 한 관련 작업자들은 절대로 중고 석재를 사용하는 행위는 하지 않기를 간절 히 바란다.

1 트럭에서 중고석재를 내리고 있다.

석공회사에서 몰래 사용하려했던 중고 석재. 사용했던 흔적이 그대로 있다.

석공회사에서 가져온 사용 흔적이 있는 중고 석재.

주의사항

경험 없는 예비 건축주에게는 필자와 같은 경험을 겪지 않기를 바라지만 발생할 가능성이 있다는 것을 염두에 두고 주의해야 할 것이다. 시공사와 계약을 할 때 특약으로 중고 건축자재 사용금지에 대한 내용을 문서화하기를 권한다. 중고 건축자재 사용에 따른 배상을 공지해둔다면 필자가 겪은 일을 경험할 가능성은 줄어들 것이다. 시공사 측에서는 건축주가 중고 건축자재에 대해 언급하는 자체를 이해하지 못할 수도 있다. 불가하다고 생각하기 때문이다. 하지만 분야에 따라 하도급업체에 일임하기 때문에 시공사도 모르게 발생할 수 있다. 때문에 이러한 내용을 확인해서 특약으로 작성하는 것이 좋겠다.

16 석공사

바닥이나 계단에 석재 시공을 할 때 주의해야 한다. 숙련된 작업자들은 석재와 석재의 수평이 맞도록 시공을 하지만, 작업이 잘못되면 수평이 맞지 않고 석재 간에 균열이 생겨 신발이 턱에 걸리는 등의 불편이 발생한다. 때문에 작업자들은 바닥 시공을 할 때 수평이 되도록 신경 써야 한다. 석재 바닥 시공이 끝나고 난 뒤 석재 간 층이 진 부분이 발견됐다면, 작업자가 급하게 마무리하는 바람에 부실시공이 된 것이다.

필자의 경험담

필자의 건물 바닥은 석재 간 층이 생겨버렸다. 이렇게 된 것은 석재가 굳어버리기 전에 밟고 다니는 등 완벽히 고정시키지 못했거나, 작업자의 숙련도 차이 때문이다. 필자는 석재가 완전히 굳고 바닥 시공이 마무리 된 후에 그 위를 걸어 다녀 보았다. 그런데 바닥에 신발이 계속 걸렸다. 자세히 살펴보니 석재와 석재 사이의 높이가 달라 층이 져 있었다. 이후 석공회사에서 보완공사를 시행했지만 말끔하게 마무리되지는 못했다.

바닥 석재 높이가 달라 층이 생겼다.

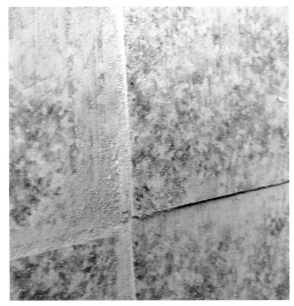

바닥석공사 층이 진 사진.

주의사항

바닥이나 외벽 등에 석공사를 할 때 석재와 석재 간의 수평이 맞아야 한다. 석공사는 석공회사에서 해당 공사를 수주해서 시공된다. 하도급 받은 석공회사는 수주금액의 일부를 석공사 작업자에게 제공하며 현장에 배치시킨다. 이 석공사 작업자는 다시 인부를 고용하여 석공사를 진행한다. 이때 작업자는 인건비 절감을 위해 석공사 기간을 최소화하고자 한다. 이렇게 석공사가 급하게 마무리가 되면 석재와 석재 간에 층이 생기게 된다. 부실시공이 되는 것이다.

건축주는 설계도면에 석공사가 포함돼 있다면 석공사가 끝난 뒤에 석재 간의 **면이 바른지 여부**를 확인해야 할 것이다. 시공비를 다 지불한 뒤에는 바닥 시공 마무리가 덜 된 것을 확인했다 하더라도 그것을 보완하러 오기는 어려울 것이다. 때문에 하자이행보증서를 발행받은 뒤에 잔금을 정산해야 한다. 얼핏 보기에 석공사는 시공이 잘 된 듯 보여도 자세히 살펴보면 부족한 경우가 종종 있으니 꼼꼼히 확인하도록 한다.

석공사 시공비 구조

01 건축주 ➡ 02 시공업체 ➡ 03 석공회사 ➡ 04 석공 현장 작업팀장 ➡ 05 석공 현장 일선 작업자

17 석공사 마감

건축주가 외벽 마감재로 석재를 선택했다면, 건물의 어디까지를 마감할 것인지를 계약서상으로 확인해야 한다. 특히 외벽 아랫부분과 옥상 담장부분의 포함 여부 등 그 범위를 알아둘 필요가 있다. 외벽 마감이라면 마땅히 해당된다고 여길 수 있지만, 계약서에 이를 명시해두는 것이 좋겠다. 그렇지 않으면 시공사 측과 건축주의 기준이 달라 마찰이 생길 수 있다.

필자의 경험담

필자는 석공사를 시공하던 작업자가 중고 석재를 사용하는 것을 발견했고, 이에 항의하다 작업자와 깊은 갈등이 생겼다. 그 때문인지 작업자는 옥상 담장의 윗부분(뚜껑)은 석재로 마감을 하지 않고 마무리하고자 했다.

왜냐하면 외벽 드라이비트로 시공된 부분은 석재로 마감을 하지 않겠다 하였는데 상식적으로 이해할 수 없었다. 만약 외벽 드라비트로 마감된 부분에 석재 마감을 하지 않는다면 뚜껑을 덮지 않는다는 말인데 비가 왔을때 빗물이 벽 속으로 그냥 들어올 수 있게된다. 외벽 마감이라면 옥상 담장 윗부분까지 시공하는 것이 기본이다. 결국 필자는 돈을 더 지불할 테니 외벽 드라이비트로 마감된 부분에도 석재로 마감을 해달라 하여 외벽 마감을 마무리 했다.

시공사와 석공 하도급업체에 대한 불신이 깊어지는 계기가 됐다.

1 2 옥상 담장의 외벽 뚜껑은 석재마감 시공을 하지 않으려 했다.

주의사항

설계도면에 석재로 외벽 마감을 하기로 했다면, 시공사와 계약할 때 석공사 마감 범위를 확인하는 것이 좋다. 건축주 입장에서는 상식이라고 여겼던 일이 시공 과정에서는 전혀 아닌 경우가 발생하고는 한다. 그것을 방지하기 위해서라도 계약서와 설계도면을 잘 살펴야 한다. 필자가 늘 강조하지만 설계도면을 시공사와 꼼꼼히 확인한 뒤에 계약을 해야만 만족스러운 건물을 지을 수 있다.

18 현장 작업자

건축주는 건축 현장에 대해서는 주로 시공사와 상의하고 의논을 하지만, 때로는 현장 작업자와 직접 대화할 일이 생길 수 있다.

필자의 경험담

필자는 15장에서 밝힌 바와 같이 중고 석재로 시공하려는 현장 작업자와 마찰을 빚은 일이 있었다. 그런 일이 있고 나서 수면장애를 얻었고 두통도 심각해졌다. 화병까지 생겨 병원치료를 받아야만 했다. 몸무게도 4킬로그램 이상 빠져 일상생활에도 불편함이 있었다. 모든 것이 무기력했고 시공 현장은 쳐다보기도 싫어졌다. 중고 자재를 사용했다는 것 자체를 이해할 수 없었고, 필자의 건물이 이렇게 시공된다는 것에 화가 나 눈물이 나오기까지 했다.

그 일이 영향을 미친 것인지 아니면 단순한 작업자의 미숙함인지는 알 수 없지만, 건물의 석공사는 석재 간의 층이 생기는 부실시공이 돼 버렸다. 건물을 짓는 과정 중 어느 것 하나도 쉽게 넘어가는 일이 없었다.

주의사항

건축주는 현장 작업자와 가능한 대화를 하지 않는 것이 좋지만, 필자의 경우처럼 중고 자재로 시공하려는 작업자를 보게 됐을 때는 저지할 수밖에는 없을 것이다. 필자가 현장 작업자와의 갈등으로 석공사 마감에까지 영향을 받았던 불공정한 일을 방지하기 위해서는 현장 작업자의 문제점을 발견하게 되면 교체할 수 있다는 내용을 시공사와의 계약서에 포함시키는 것이 좋겠다.

건축주는 부실시공이 되고 있는 건물을 보고 있을 수만은 없다. 건축주는 설계도면에 따라 시공이 잘되고 있는지를 잘 살펴야 한다. 그리고 현장 작업자는 건축주의 문의사항에 답을 해줄 수 있어야 한다. 중고 자재를 사용하는 것에 항의하는 건축주에게 작업자가 되레 화를 내게 된다면, 그에게 건축 현장을 믿고 맡기기는 어렵다. 이렇게 불신이 생겨버린 작업자는 교체시킬 수 있어야 한다고 생각한다.

19 비계 해체

비계는 건물을 지을 때 높은 곳에서 작업을 하기 위해 작업자가 안전하게 걸어 다닐 수 있도록 하기 위해 건물 주위에 설치하는 것을 말한다. 쇠파이프를 층층이 쌓아 올려 발판으로 만든 구조물이 그것이다. 현장에서는 아시바(あしば)라는 일본어를 사용하기도 한다. 작업자의 안전을 위해 비계는 단단하게 설치해야만 한다. 건물이 완공되고 나면 비계를 해체하게 되는데, 이때 건물 외벽의 마감재가 파손되지 않도록 유의해야 한다.

작업을 위해 설치한 비계.

필자의 경험담

필자의 건물 외벽에 드라이비트 공사와 석공사가 마무리 돼 비계를 철거했다. 이 과정에서 석재 모서리가 깨지고 드라이비트 공사한 곳도 파손되었다. 완공을 앞둔 건물 외벽이 훼손되자 건축주의 입장에서 애가 탔다. 보수공사를 한다고 하지만 파손되기 전으로 돌아가는 것은 불가능에 가깝다. 이렇게 깨진 석재는 석공회사의 과실이 아니다. 때문에 보수공사에 사용되는 자재와 인건비 등을 추가로 지불해야만 한다. 물론 이와 같은 보수공사는 시공사의 책임이다. 하지만 시공사 측에서는 견적 때 예상하지 못했던 이 금액을 최대한 만회하기 위해 다른 부분에서 비용을 절감하려 들 수 있다. 결국 건축주만 손해를 보게 되는 것이다.

시공사는 작업자들에게 유의해서 비계 해체를 해줄 것을 요구해야 하며, 문제가 발생했을 때는 책임을 물리도록 해야 한다. 하지만 필자 건물의 시공사는 세세하게 신경 쓰지 않는 듯했다. 이러한 시공사가 짓는 건물이 깨끗하고 깔끔하게 될 수 없다. 실제로 건물 앞면에 보수한 석재는 볼품없이 돼 버렸다. 또 깨진 석재에 다른 석재를 갈아 넣는 보수공사를 하다 그 석재가 떨어지면서 스텐으로 만들어진 문틀이 찢어지기도 했다. 이런 일들이 자주 발생하게 되면 건축주는 불안을 지우기 어렵다.

비계 철거 과정에서 파손 된 건물 외벽 석재.

비계 철거 중 파손된 석재를 교체하면서 석재가 밑으로 떨어져 창틀이 찢어졌다.

비계 철거과정에서 드라이비트 마감부분도 손상되었다.

주의사항

건축주는 시공사가 부실공사를 하지 않도록 주의시켜야 한다. 부실공사가 확인될 경우 시공비에서 일정 금액을 삭감하겠다는 경고를 해두는 것도 좋겠다. 계약할 때부터 그렇게 공지하지 않으면 시공사는 석재 마감재가 깨지거나 배관이 파손되어도 신경 쓰지 않을 것이다. 필자는 건물 시공을 하면서 납득할 수 없는 일들을 종종 겪었다. 책에 실린 사진들만 봐도 필자의 마음을 이해할 수 있으리라 짐작한다. 필자는 시공사 측에 시정요구를 하고 때로는 언성을 높여 항의도 해봤지만 화병만 얻었다. 필자처럼 경험 없이 건축주가 되고자 한다면 하나부터 열까지 명확하게 명시하고 이를 계약서로 문서화해 두어야 한다. 그래야지만 시공사가 더 세심하게 신경 써서 시공에 임할 것이다.

20 시공 마감

건물은 마감이 깔끔하게 마무리되어야 완성도가 높아진다. 다른 사람들은 건물의 겉모양만 보게 되지만, 건축주는 내부까지 눈에 들어온다. 시공 초기에는 설계와 시공사, 시공비에 주된 신경을 쓰게 된다. 이것이 중요한 것은 사실이다. 평당 시공비가 얼마나 들지, 설계를 어떻게 하는 것이 좋은지 그리고 건축가와 시공사는 어떻게 선택해야 할지가 완공되는 건물의 구조와 디자인을 결정할 수 있기 때문이다. 하지만 건물이 완공될 때쯤이면 사소한 부분들을 살피지 않으면 만족스런 건물이 나올 수 없다는 것을 알게 된다. 설계도면에 명시되지 않은 부분인 경우, 그것을 세심하게 챙겨주는 시공사가 있는 반면 그렇지 않은 곳도 있으니 주의해서 살펴야 할 것이다.

필자의 경험담

필자는 시공이 마무리단계에 이르자 미흡한 부분이 하나씩 눈에 들어왔다. 그것에 대한 보완·보수작업을 하면서 건물은 겉모양도 중요하지만, 내부의 사소한 부분들 역시 놓쳐서는 안 된다는 것을 깨달았다. 필자가 아쉽게 생각한 부분은 다음과 같다.

같은 날 시멘트 타설작업을 하지 않아 균열이 생긴 바닥.

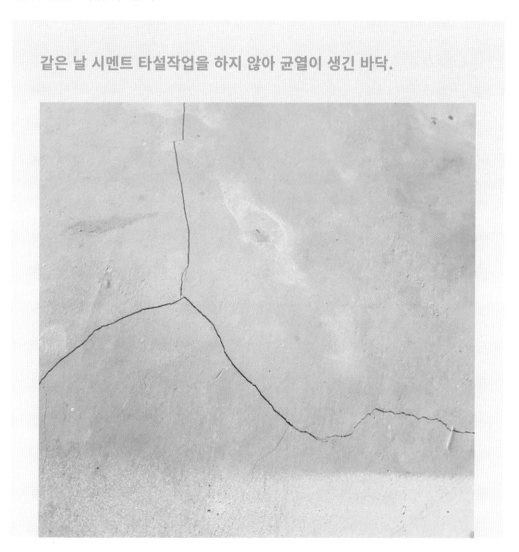

정화조 배관 노출

정화조 배관은 당연히 땅속으로 묻어져야 할 부분이다.

화장실- 실리콘 처리가 덜 된 창틀

위쪽은 잘 보지않는 곳이라 실리콘 처리를 제대로 하지 않았다.

화장실- 변기 뒤쪽 실리콘

변기 뒤쪽은 보이지 않는 곳이라고 실리콘을 바르지 않았다.

천장 페인트 마감

천장 페인트칠을 꼼꼼히 하지 않아 마감이 부실하다.

이외에도 마감처리가 부족한 곳이 한두 곳이 아니다. 마감부분이 깨끗하게 처리되어야 만족감이 더할 텐데 시공사의 안이한 태도로 건물에 아쉬움이 많이 남아버렸다.

주의사항

경험 없이 예비 건축주가 되고자 할 때, 시공사와 마무리를 어떻게 할 것인지를 미리 계약서에 명시하는 것이 좋겠다. 사실 계약서에 언급하지 않더라도 깔끔한 마무리는 기본 사항이다. 그러나 시공에 들어가 보면 필자의 건물처럼 마감이 미흡한데도 시공비 정산을 요구하는 시공사가 있기 마련이다. 화장실 같이 건물 내부에 위치한 곳의 사소한 부분도 마무리를 깔끔하게 해주면 좋을 텐데 그렇지 않다. 때문에 필자가 설명한 부분을 시공사에 미리 공지하고 마감에 대한 부분을 계약서에 명시해서 부실시공을 예방하는 것이 좋겠다.

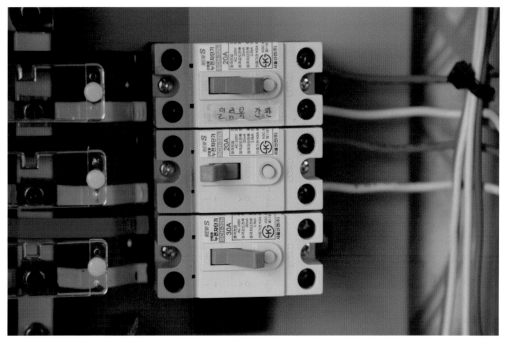

전기 간판 스위치를 밖으로 빼내지 않아 끄고 켜기 불편하다.

문틀은 금방 녹이 슬었다. 아무리 닦아도 닦이지 않는다.
좋은 자재가 아니라는 것이 티가 난다.

21 CCTV

앞서 CCTV 설치에 대해 주의할 점을 미리 언급한 바와 같이, 설계를 하기 전에 CCTV 설치 여부를 결정해야 한다. 설치를 하고자 한다면 건축사에게 어느 위치에 몇 대 정도를 설치할 것인지에 대한 계획을 알려줘야 한다. 그래야지만 설계도면에 표지되어 CCTV 배선이 들어갈 배관 작업이 이루어질 수 있다. 배선 작업이 되지 않으면 건물 내부와 외부에 배선이 노출돼 전체 마감이 지저분해질 수 있다.

필자의 경험담

필자의 건물은 상가 건물이었기 때문에 CCTV를 설치할 생각을 하고 있었다. 필자가 CCTV 설치 업체를 불렀을 때는 이미 건물 외벽 마감 시공이 끝난 뒤였다. 나중에 알게 된 일이지만, CCTV는 설계도면에 미리 명시돼 있어야 했다. CCTV 업체에서는 배선이 들어갈 배관이 돼 있지 않아 어렵다는 말을 꺼냈다. 설치를 하려면 건물 외벽에 배선이 노출될 수밖에 없다고 했다. 이런 부분은 건축사가 건축주와 의논을 해주면 좋았을 텐데 그런 과정이 없어 아쉬웠다. 경험이 많은 건축사는 건축주가 미처 생각지 못한 부분에 대해 상의를 하고 이로 인한 실수를 방지할 수 있기 때문에 건축사의 이력을 확인하고 선정하기를 바란다.

주의사항

경험이 없는 건축주는 설계를 할 때 CCTV 배선까지 생각하기 어려울 것이다. 설치까지는 고려하고 있다 하더라도 그것이 설계도면에 반영되어야 한다는 것까지 알기란 쉬운 일이 아니다. 경험이 없다면 시공비와 건축사·시공사 선정에만 무게를 두게 된다. 필자의 시공 과정을 돌아봤을 때, 경험이라는 것은 무시할 수 없는 중요한 부분이다.

건축사는 설계를 하면서 건축주가 생각지 못했거나 말하지 못한 기본적인 부분에 대해 세심하게 상의해주면 좋을 것 같다. CCTV 같은 경우 건축주가 미리 생각해야할 부분이기는 하지만, 그것에 대해 언급이 없어도 건축사가 먼저 설치 여부를 물어볼 수도 있는 문제라고 생각한다. 설계비용이 늘어날 것 같아 말하지 않고 있는 것보다 사소한 부분을 건축주에게 설명하고 소통하는 건축사가 결국 건물에 대한 높은 만족도를 이끌어낼 것이다. 이외에도 설계도면에 에어컨(실외기 포함) 전용 배선 배관이 명시돼 있는지 확인해야 한다.

22 시공비 정산

예비 건축주는 시공비 정산에 대한 요령이 없다면 큰 낭패를 볼 수 있다. 건축주는 계약에 따라 시공사에 정산을 하기만 하면 건물이 완공될 거라고 생각할 수 있다. 하지만 시공사에서 그 자금을 어떻게 사용하느냐에 따라 시공이 잘 될 수도, 그 반대가 될 수도 있다. 처음에는 어떤 시공사라도 건물을 잘 짓겠다며 호언장담을 하지만, 실제 시공에 들어갔을 때 시공비 문제로 불편한 일이 발생할 수 있다. 건축주가 정산 약속을 지켜야 하는 것처럼, 시공사도 시공비를 정직하게 사용해야 한다. 건축주와 시공사가 서로 책임감 있게 대해야 건물의 완성도도 높아진다.

주의사항

어떤 경우에건 시공사와 계약할 때 서울보증보험주식회사에서 발행받은 계약이행보증서와 이행(선급금)보증서, 하자이행보증서가 있어야만 한다.

아래는 필자가 시공비를 지급한 내용이다.

필자의 시공비 지급내역

· **계약금**: 시공비의 20%
· **1차 기성**: 시공비의 30%(골조공사 마감 후)
· **2차 기성**: 시공비의 30%(창호공사 마감 후)
· **잔금**: 시공비의 20%(준공, 사용검사 후)

이와 같이 정산을 하는 것이 기본적으로 안전하다고 생각한다. 하지만 앞서 말한 보증서를 발행받지 않는 시공사는 신뢰할 수 없다. 건물이 완공된 후에 정산을 요청하는 시공사가 있기도 하지만, 시공사에 대한 확실한 신용이 없다면 이 역시 위험할 수 있다. 가까운 지인이 소개시켜준 시공사라 하더라도 보증서와 같은 안전장치는 있어야 한다. 시공비를 지급하는 것은 건축주의 권한이지만, 아무런 안전장치 없이 시공비를 지급하는 것은 주의해야 한다.

시공비의 구조

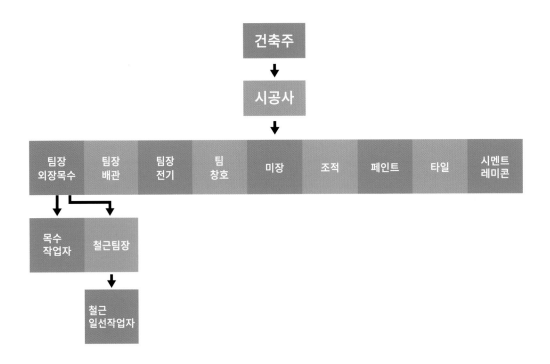

건축주가 계약서에 따라 시공비를 정산했을 때, 시공사는 분야별로 목수, 철근, 전기, 배관, 창호, 타일 등에 분배를 하게 된다. 건축주는 정산만 잘하면 아무 문제없이 시공될 거라고 생각해서는 안 된다. 시공사가 시공비를 분배하지 않고 작업자들에게 지급하지 않게 되면 시공이 중단된다. 때문에 정산한 시공비가 작업자들에게 분배되었는지를 확인해야 한다. 시공비가 작업자에게 먼저 지급되게끔 계약서에 문서화해둔다면, 시공이 중단되는 일은 거의 없을 것이다.

정산 받은 시공비가 시공 분야별 팀장에게 지급됐다고 해서 안심할 수도 없다. 팀장이 현장 작업자에게 분배하지 않고 혼자 독식하는 경우도 있을 수 있기 때문이다. 이때도 시공은 중단될 수 있다. 아무리 실력이 뛰어난 시공사라도 자금의 흐름이 원활하지 않으면 건물을 완공하기 어렵다. 시공사 역시 정직한 하도급업체를 만나야 시공 과정이 깔끔하다.

반대로 시공사가 열심히 건물을 짓는데도 건축주가 계약을 어기고 시공비 정산을 지연하게 된다면 시공을 계속 이어가기 어려울 것이다. 서로가 신의를 가지고 약속을 잘 지켜야 한다. 건축주와 시공사 그리고 하도급업체와 현장 작업자 모두가 서로에 대한 믿음이 있어야 한다. 앞의 도표에서도 확인할 수 있듯 건축주는 정직한 시공사를, 시공사는 착실한 하도급업체와 작업자를 만나야 건물의 완성도가 높아진다. 서로 배려하는 마음으로 건물을 짓는다면 시공이 끝난 뒤에도 우호적 관계를 유지할 수 있을 것이다.

23 감리

감리라는 말은 주로 공사나 설계 따위에서 일이 잘 진행되고 있는지 감독하고 관리하는 것을 뜻한다. 대규모 시공의 사정은 확인할 수 없지만, 필자와 같은 소규모 건물 시공에 대한 감리는 세세하게 이루어지지 않는 것 같다.

필자의 경험담

필자는 경험 없이 건물을 짓게 됐지만, 감리가 꼼꼼하게 살펴 주리라는 기대가 있었다. 하지만 감리원은 정확하게 세어보지는 않았지만 현장을 다섯 번 정도 방문한 듯했고, 그 외에는 시공사가 보낸 사진으로 책임을 갈음하는 듯했다. 필자는 다른 것은 몰라도 2층 바닥에 콘크리트가 모자라 노출된 철근과 그마저도 녹이 슨 것을 감리가 지적해주기를 바랐으나 그러지 않았다.

답답한 마음에 감리원에게 전화를 걸었다. 사정 이야기를 들은 감리원은 잘못된 부분이 있고, 원리원칙대로 하고 싶다면 시공자가 알아서 하라고 했다. 건축주인 필자가 시공자로 돼 있으니 모든 책임은 건축주에게 있다는 말에 눈앞이 캄캄해졌다. 누구 하나 건축주의 입장이 돼 주지 않는 현실 앞에 할 말을 잃었다.

건축에 대한 경험이 없으니 본래 감리가 이런 것인지 아니면 소규모 건물이라 건성으로 한 것인지 확인할 길은 없었다. 생각했던 것보다 턱없이 부족한 감리에 솔직히 감리비가 아깝다는 생각도 들었다. 감리원이 시공 과정을 꼼꼼하게 챙겨 부실시공을 예방하고 시정하게 할 줄 알았지만 그렇지 않았다.

때문에 소규모 건물을 시공할 때는 건축주가 꼼꼼하게 살피고, 그럴 사정이 안 된다면 경험 있고 믿을 만한 전문가를 별도 감리로 내세우는 것도 좋을 것 같다. 부실공사를 막을 수 있을 뿐만 아니라, 건축주의 스트레스도 덜어낼 수 있을 것이다. 감리비가 추가로 발생되겠지만, 필자가 앞서 언급했던 부실시공을 시정할 수 있는 것만으로도 값어치를 한다고 생각한다.

주의사항

건축주는 시공사와 계약할 때 시공자가 누구인지를 확인해야 한다. 시공사의 사업등록증이 다른 사람 명의로 돼 있다면, 건축주가 시공자로 될 수 있다. 소규모 시공사와 계약을 하게 되면 이런 경우가 종종 있으니 주의해야 한다. 건축주로서는 시공자가 본인 앞으로 돼 있는 사실을 모르고 넘어갈 수도 있다. 시공자는 시공에 대한 모든 것을 책임져야 하는 주체이다. 때문에 안전한 시공을 위해서는 설계부터 계약까지 명확하게 파악해서 시공자가 건축주 앞으로 돼 있는지를 확인해야 한다.

콘크리트가 모자라 노출된 철근.
감리 과정에서도 지적되지 않았다.

24 부실공사

부실공사란 적합한 재료를 사용하지 않거나 적정 기한을 지키지 않는 등 불성실하게 시행한 공사를 말한다. 설계도면상의 구조도 제대로 시행되지 않는 등 상식적으로 이해 불가능한 일이 생기기도 한다. 부실시공이 이어지면 건축주는 과도한 스트레스로 건강을 해칠 수도 있다. 필자의 경험상 건축주가 지적하지 않으면 시공사도 별다른 수정이나 보완 없이 넘어가버리는 경우가 있기도 하다. 때문에 부실공사를 막기 위해서는 건축주가 꼼꼼히 살피고 신경 써야 한다.

필자의 경험담

앞서 설명한 필자의 시공현장 문제점과 사진들을 살펴보면 시공이 정상적이었다고 볼 수 없다. 자금과 시간을 들인 건축주가 얼마나 속이 끓었을지 짐작

할 수 있을 것이다. 시공 중 잘못된 부분을 건축주가 발견했다면 시정해 나갈 수 있다. 하지만 건축주가 확인하지 못한 부실시공은 덮어질 수 있다. 부실공사가 되는 것이다. 특히 건물이 완공된 후에 잘못 시공된 곳을 발견하게 된다면 문제가 심각해질 수 있다.

필자의 건물 설계도면에는 도시가스 배관 공사와 화장실 환풍기 시설이 표시돼 있었다. 하지만 두 개 다 시공되지 않았다. 필자의 요청으로 화장실 환풍기가 설치됐지만 세 군데 중 한 군데는 그럴 수 없었다. 그리고 화장실 바닥 청소용으로 수도꼭지 시설이 설비되어야 했지만 한 곳이 돼 있지 않았다. 이렇게 잘못 시공된 부분들은 건축주가 말하기 전에 시공사가 살펴서 미리 시정해야 한다고 생각한다.

2층 올라가는 계단 옆에 만든 배전함 역시 잘못 설치돼 미관상 좋지 못하다. 거기다 설계도면상으로 계단과 천장 사이 간격이 2.048m이어야 하는데 1.825m로 잘못 시공돼 키가 큰 사람들은 머리를 부닥칠 수도 있었다. 이미 콘크리트가 굳어져 시정할 수 없다. 똑바르지 못해 보기 흉하게 돼 버린 건물 외벽도 마찬가지다. 부실공사가 돼 버린 것이다.

시공사의 경험이 부족해 그런 것이라 해도 이해하기 어렵다. 계단 천장의 높이나 건물 외벽을 정상적으로 바꾸는 것은 이제 불가능한 일이다. 솔직히 건물을 철거하고 다시 짓고 싶은 생각이 들기도 한다. 시공사는 시공을 할 때 설계도면대로 진행되는지 스스로 살펴야 한다. 미리 꼼꼼하게 확인하지 않으면 시정하기 어렵고 그렇게 부실공사가 돼 버리면 건축주와 갈등이나 분쟁이 발생할 수 있다.

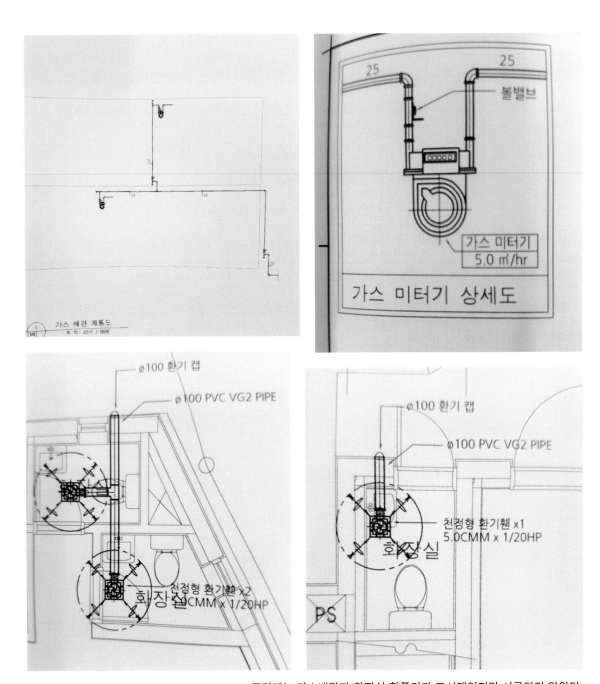

가스 배관 계통도

볼밸브

가스 미터기
5.0㎥/hr

가스 미터기 상세도

ø100 환기 캡

ø100 PVC VG2 PIPE

천정형 환기휀 x2
CMM x 1/20HP

화장실

ø100 환기 캡

ø100 PVC VG2 PIPE

천정형 환기휀 x1
5.0CMM x 1/20HP

화장실

PS

도면에는 가스배관과 화장실 환풍기가 표시돼있지만 시공되지 않았다.

잘못 설치된 배전함.

비뚤어진 건물외벽.

1 낮게 시공되어 키가 큰 사람은 머리를 부딪힐 수 있다.

설계상 계단과 천장 간격이 2.048m 인데 1.825m로 잘못 시공되었다.

주의사항

건물이 완공이 되어 가면 시공사는 준공준비를 한다. 준공신청을 위해 준공 서류를 만드는데 이때 건축주는 마감부분 등을 꼼꼼하게 살피고, 설계도면에 따라 시공을 했는지 하나하나 확인해나가야 한다. 잘못된 부분들은 메모를 해서 시공사에게 시정 요청을 해야 한다. 설계도면을 읽는 것이 어렵거나 불편하다면, 주변의 전문가에게 부탁해서 확인해보도록 한다. 특히 필자의 건물처럼 설계도면에는 있지만 실제로는 설치돼 있지 않은 부분이 있는지를 살피도록 한다.

경험 없는 예비 건축주는 시공사만 믿고 건물을 짓게 된다. 하지만 필자의 경험상 건축주가 주기적으로 시공과정을 확인하는 것이 건물의 만족도를 높일 수 있는 방법이다. 준공인가 또는 사용승인이 되면 시공사는 잔금 정산을 요구할 것이다. 그 전에 건축주는 잘못 시공한 곳이 있는지 마감처리는 깨끗하게 돼 있는지를 살피고 이것이 시정된 후에 잔금을 지불해야 할 것이다.

시공사가 책임감 있게 시공을 했다 하더라도 100% 만족하는 건물을 갖기란 쉬운 일이 아니다. 때문에 설계도면을 기준으로 건물의 완성도를 파악하는 것이 좋겠다. 설계도면대로 시공하지 않고 정산해줄 것을 요구하는 시공사의 태도가 건축주로서는 달가울 리 없다.

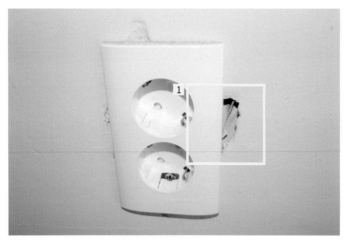

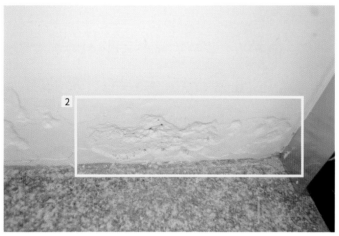

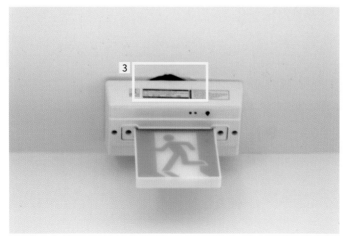

1 ~ 6 성의가 없는 마감처리 부분.

7 창호 문틀마다 녹이 슬어가고 있다. 자재에 문제점이 있는 것 같다.

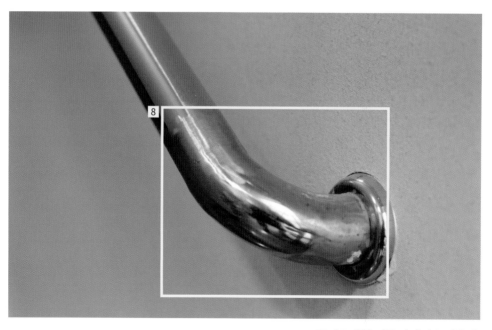

8 가드레일 시공 마감이 부실하다.

석공사 마감 후 외벽청소를 하지 않아 석재가 지저분하다.

25 증축과 구조변경

당장은 필요 없다고 생각할 수 있지만, 증축이나 구조 변경 가능성을 염두에 두고 설계를 한다면 필요 시 적은 예산으로 개조할 수 있다. 예를 들어 건물 뒤편 공간에 창고 등을 증축할 가능성을 열어두고 설계를 한다면 건물의 창호 등을 결정할 때 보다 확대된 시야를 가질 수 있을 것이다. 사용용도 변경에 따라 구조가 변경될 것을 미리 대비하여 설계 및 시공을 한다면, 추후 큰 어려움 없이 변경할 수 있을 것이다. 완성된 건물의 골격, 특히 창호는 바꾸기가 쉽지 않으니 증축과 구조변경에 대한 가능성을 예비해서 편리성을 갖추도록 해야 할 것이다.

필자의 경험담

필자는 설계 전 건물의 용도를 정해두었었다. 1층 일부는 필자의 사업장으로, 건물의 나머지 공간은 다른 업종(카페)으로 사용하고자 하였다. 완공이 된 뒤 카페 인테리어를 하려 살폈을 때, 창호가 문제라는 것을 알게 됐다. 특히 2층 출입구는 방화문으로 돼 있어 자동유리문으로 바꾸어야 한다. 거기에 더해 1층 카페 입구는 일반 사무실 출입구처럼 마감돼 있어서 접이식 폴딩도어로 교체해야 한다. 건물에 대한 시공비를 정산했음에도 다시 예산을 들여야만 카페에 어울리는 구조로 변경할 수 있다.

건물을 설계할 때부터 건축사와 소통하며 꼼꼼히 살폈다면, 이러한 추가 비용은 발생하지 않았을 수도 있다는 생각에 아쉬움이 남는다.

1 카페를 하기 위해서는 접이식 폴딩도어로 교체를 해야한다.

카페를 하기 위해서는 방화문을 자동 유리문으로 교체를 해야 한다.

26 수맥

수맥이란 땅속에 흐르는 물줄기를 말한다. 건축을 하고자 마련한 대지에 보통 상가건물이나 주택을 짓게 되는데, 이 터에 수맥이 흐른다면 부정적 영향을 주게 된다. 수맥이 흐른다 해도 그 자리에 장시간 앉아 있지 않는다면 별 상관이 없을 수 있다. 하지만 수맥이 흐르는 자리에 책상을 두고 오랜 시간 업무를 본다면 몸이 피곤하거나 개운하지 않을 수 있다. 심각한 경우 원인모를 질병으로 고통에 시달릴 수도 있다. 이때는 수맥이 흐르지 않는 곳으로 책상을 옮겨야 한다.

과학적 근거는 없지만 전해지는 말로는, 수맥이 흐르는 자리는 살아있는 사람은 물론 시신도 피해야 한다고 한다. 시신 밑에 수맥이 흐르게 되면 육탈肉脫(시신의 살이 썩어 뼈만 남는 상태)이 잘 안 된다. 육탈이 되어도 유골이 수침을 당해 동기감응動機感應에 의해 자손에게 해를 끼친다는 말이 있다. 때문에 건축을 하고자 하는 대지에 수맥이 흐르는지 수맥탐사를 해보는 것도 좋을 것 같다.

　주택은 더더욱 수맥을 피해야 한다. 대지에 수맥이 흐른다면 이를 피해 설계를 하는 것도 좋겠다. 수맥이 흐르는 곳은 잠을 잘 수 있는 방을 만들지 말고 다른 용도로 사용할 수 있도록 설계한다. 수맥이 흐르는 곳은 시멘트도 갈라지게 된다. 필자가 직접 갈라진 시멘트에 수맥탐사를 해보니 수맥이 흐르고 있었다. 이런 위치에 잠을 자거나 오랫동안 앉아서 업무를 본다면 건강에 좋을 리 없다. 설계에 들어가기 전 수맥이 흐르는지 탐사를 해보고 상황에 따라 설계를 한다면 더욱 좋을 것 같다.

필자의 경험담

필자는 오랫동안 척추 때문에 고생을 했다. 하지만 검진은 받아보지 않고 통증이 있을 때마다 약국 약을 먹는 것으로 참아왔다. 그러다 2018년 11월, 통증을 더는 견딜 수 없어 대학병원에서 진료를 받았다. 그동안 내심 생각했던 강직성 척추염이 아니라 류마티스 수치가 높다는 검진 결과가 나왔다. 강직성 척추염은 젊은 사람들에게 발병하고 나이든 사람들에게는 쉽게 볼 수 없는 병이라고 했다. 약을 한 달 치 처방받았는데, 약을 먹을 때만 통증이 가라앉을 뿐 별다른 차도는 없었다.

계속되는 통증에 척추전문병원을 찾았고, MRI 촬영 결과 척추 4, 5번 사이에 문제가 있다고 했다. 척추 협착증이었다. 수술을 받으면 좋아질 거라고 했지만, 필자로서는 불만족스러운 진단 결과였다. 오래 서 있을 때 다리가 저려오는 것은 설명이 됐지만, 척추 뼈 전체가 아픈 것은 그렇지 못한 것이다.

집에서 키우고 있는 고양이 네 마리 생각이 났다. 필자는 고양이 알레르기가 있어 평소에도 감기몸살 기운이 있고 늘 몸이 개운치 못했었다. 거기다 척추 통증까지 있으니 견디기가 더 힘들었다. 하지만 등산을 하는 동안은 알레르기 증상도 잠잠해지고 척추 통증도 줄어들었다. 때문에 고양이 알레르기로 척추 통증이 심해진다고 여기게 됐다. 모든 증상이 집에만 오면 악화됐다. 하지만 척추 허리뼈 전체가 아픈 것은 여전히 이해할 수 없었다. 안방의 고양이 털을 청소하는데 5분 서 있기도 힘들었다. 일상생활이 힘든, 고통스러운 날이 계속되자 악성 불치병에 걸린 것은 아닌지 의심이 들고 불안해졌다.

그때 생각난 것이 수맥이었다. 수맥 때문에 척추 통증에 시달리는 등 건강이 안 좋아진다는 말을 들었던 기억이 난 것이다. 2019년 1월, 필자는 수맥봉으로 수맥 탐사를 해봤다. 충격적이다 할 정도로 많은 수맥이 흐르고 있었다. 집안 곳곳 수맥이 흐르는 곳이 한 두 군데가 아니었다. 가장 큰 문제는 침실이었다. 필자는 우선 수맥을 피해 침대를 옮겼다. 다음날 고양이 알레르기 증상은 여전했지만, 허리 통증이 사그라져 있었다. 허리 통증으로 앉아본 적 없이 안방 청소를 하는데 기분이 얼떨떨했다.

그렇게 침대를 옮긴 뒤 하루하루 달라지는 것을 체험하였고, 1개월이 지난 지금은 허리통증으로 병원에 가지 않아도 될 것 같다. 통증이 완전 없어졌다. 지금 생각해보면 오랜 세월에 걸쳐 서서히 건강이 나빠졌던 것 같다. 왜 진작 수맥을 생각해보지 않았나 싶다. 과학적인 근거는 없다고들 하지만, 필자는 수맥 탐사를 권하고 싶다. 혹 뚜렷한 원인 없이 건강이 나빠진다는 생각이 든다면, 한번쯤 수맥을 의심해보는 것도 좋을 듯 하다.

침대 구조 변경 전

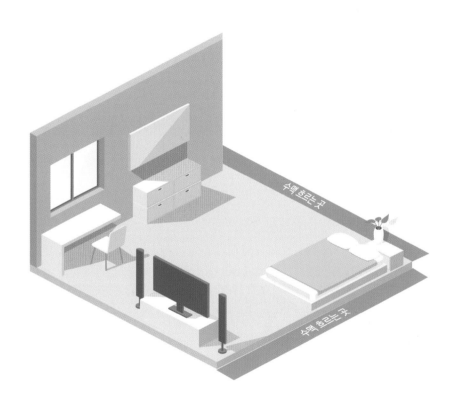

침대 구조 변경 후

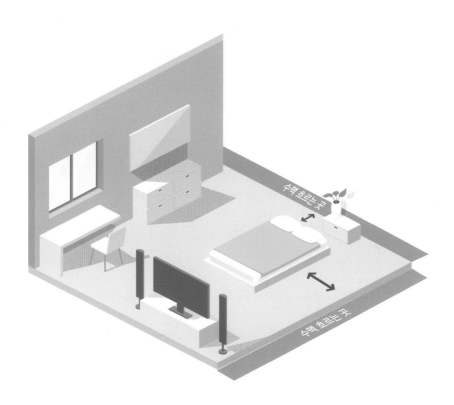

27 민원과
이웃 간의 분쟁

건축주는 시공 중에 민원이나 이웃 간의 분쟁이 발생하지 않도록 각별히 신경 써야 한다. 시공 현장의 위치 등에 따라 민원 정도에 차이가 생기기는 하지만, 이러한 민원 제기로 시공이 지연될 수 있다. 시공 과정에서 어수선한 현장과 소음, 먼지 등으로 민원이 생길 수 있기 때문에 건축주와 시공사는 주의해서 작업을 하도록 해야 한다. 먼지가 주위로 날리지 않도록 조심하고 아침 일찍부터 시공 소음이 발생하지 않도록 한다. 작업자는 먼지나 소음에 신경 쓰지 않는 경우가 종종 있으니 주의를 주도록 한다.

필자의 경험담

필자의 건물은 세 번의 민원이 제기됐었다. 먼지, 소음 그리고 도로 시멘트 포장이 그 원인이었다. 먼지와 소음에 대한 민원은 이해가 됐지만, 도로 시멘트 포장에 대한 것은 납득하기 어려웠다. 하지만 어느 위치에 건물을 짓더라도 민원은 제기될 수 있으니 이를 지혜롭게 해결해야 한다.

필자의 건물이 거의 완공되어 갈 때쯤, 건물 주위 바닥을 시멘트로 포장하기로 했다. 하지만 그 옆 도로가 눈에 걸렸다. 지목은 도로로 돼 있지만 자동차는 다니지 않는, 지저분하게 방치된 길이었다. 필자의 대지만 포장을 하게 되면 그 도로와 경계가 생겨 미관상 좋지 않게 될 것이 뻔했다. 그래서 도로 골목 안쪽에 사는 이웃분과 의논을 했다. 그 분은 같이 깨끗하게 포장하는 편이 좋겠다고 했고 결국 그 도로를 포함, 필자의 대지까지 시멘트로 포장했다. 그런데 그 이웃분이 민원을 제기했다. 도로에 시멘트 포장한 것을 걷어내라는 것이다.

필자의 대지에만 포장을 하려다 도로까지 부탁한다는 이웃분의 말에 하게 된 전체 포장이었다. 처음 이 민원을 들었을 때는 너무 황당했다. 그러다 할 수 없이 포장한 도로를 파냈다. 이웃분의 변심은 아직까지도 그 원인을 알지 못한다. 건축주는 이런 부분이라도 감수를 해내야 한다. 시공 과정에서 발생한 민원이나 이웃 간의 분쟁은 지혜롭게 해결해야 건물을 완공할 수 있다.

도로 시멘트 포장 전(위)
도로 시멘트 포장 후(아래)

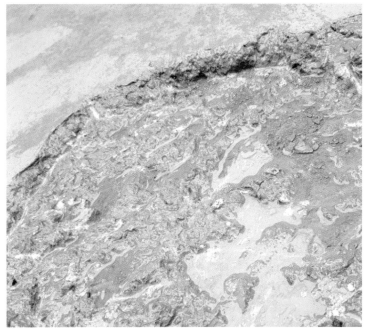

시멘트 포장한 도로를 다시 파내고 있다.(위)
다시 파낸 자리는 보기가 흉하다.(아래)

주의사항

시공을 할 때 신경 쓰이는 것은 민원이 들어오는 것이다. 민원이 자주 발생하게 되면 시공이 지연되고 그렇게 되면 시공사는 인건비 등의 문제로 손실이 생길 수 있다. 시공사의 손실은 부실공사로 이어질 수도 있다.

건축주는 허가를 받고 시공에 들어갔기 때문에 별 문제가 생기지 않으리라 생각할 수도 있겠지만, 현실은 그렇지 않다. 민원이 제기되면 관할 구청에서는 접수된 민원을 해결해야 하기 때문에 시공에 영향을 끼칠 수 있다. 때문에 주변과의 관계를 우호적으로 유지해서 민원이 발생하지 않도록 주의해야 한다. 필자가 받은 도로관련 민원을 방지하기 위해서는 문서로 해당 내용을 정리한 다음 시멘트 포장을 하는 것이 좋겠다.

도심 속에서 시공을 하면 생각지 못한 부분들이 민원으로 제기되는 경우가 있다. 이때 감정적으로 대응하기보다 지혜롭게 해결하며 시공을 해야 한다. 그래야 시공 기한이 지연되거나 시공이 중단되는 일을 예방할 수 있다. 집 한 채 짓는데 하나부터 열까지 신경 써야 할 게 너무도 많다. 건물이 완공되기 위해서는 민원이 들어오지 않도록 주의해야 한다.

지목이 도로로 되어있지만 개인적으로 화단을 만들어 사용.
도로포장을 못하게 하여 미관상 보기가 좋지않다.

28 건축주가 꼭 챙겨야 할 것들

----

1. 설계할 때

상가나 주택 등 건물의 사용용도를 먼저 결정해야 한다. 그 다음 전기(에어컨 배선, 실외기 위치 포함), 통신, CCTV, 창호 크기와 위치, 화장실, 건축자재(마감재 포함) 그리고 건물 마감 등에 대해 건축사와 충분히 논의를 한다. 그런 다음 결정된 사항이 설계도면에 충분히 반영되었는지, 혹 빠뜨린 부분이 없는지 등을 꼼꼼히 살펴야 한다. 그래야 제한된 예산 안에서 건물의 완성도를 높일 수 있다. 처음부터 설계가 잘못돼 버리면 건물의 완성도가 떨어지거나 부실공사로 이어질 수 있다.

2. 시공사 선정할 때

건축주가 시공사(시공자)를 선정하는 것이 가장 어렵다. 실력이 좋은 시공사를 만나야 좋은 건물을 지을 수 있다. 그렇지 않으면 스트레스로 건축주의 건강을 해칠 수 있다. 경험 많은 시공사를 만나는 것이 좋다.

3. 시공사와 계약할 때

시공사와의 계약서에는 가급적 시공에 관련된 모든 내용들을 명시하는 것이 좋다. 명확하게 기재하지 않으면 불미스러운 일이 발생할 수 있다. 제3장(계약서 작성)을 참고하기 바란다.

4. 감리할 때

건축주는 건물이 설계도면에 따라 시공되고 있는지 살피고 관리해야 한다. 콘크리트 속에 박힌 나무를 제거했는지 등을 살피고, 지정한 건축자재를 사용하는지 확인해야 한다. 시공사가 설계도면상에 있는 것을 누락할 수 있으니, 시공이 끝나면 하나하나 점검하고 살펴야 한다. 잔금 지불 전에 마감이 잘못 처리된 부분 등에 대한 시정을 요청하지 못할 경우 손해를 볼 수 있다.

5. 준공 이후

건물이 완공되고 사용검사 이후 준공이 인가되면 잔금을 지불해야 한다. 이때 서울보증보험에서 하자이행보증서를 발행받은 뒤에 정산해야 한다. 보증서를 발급받기 전 설계도면대로 시공되었는지, 마감처리 부분 등을 꼼꼼하게 살펴 사소한 문제들은 보완하거나 보수해야 한다. 잔금 지불 전에 하자가 있는지 살피지 못한다면 손해는 건축주의 몫이다.

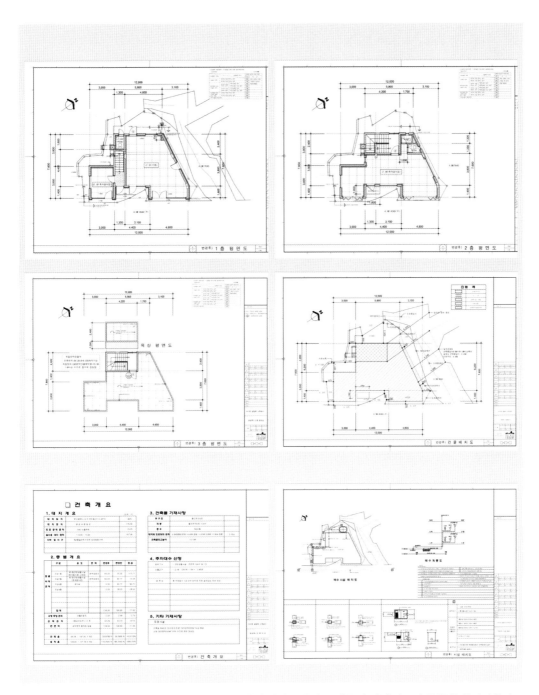

준공 검사가 인가되면 설계도면대로 건물이 지어졌는지 꼼꼼히 살펴야한다.

29 시공사에 바라는 마음

시공사는 건물을 잘 짓겠다는 사명감으로 시공에 들어갈 것이라 생각한다. 하지만 모든 시공사가 이와 같은 마음을 가지고 있는 것은 아닌 것 같다. 필자가 시공사와 크고 작은 마찰이 있었던 근본 원인도 시공사의 이해할 수 없는 태도였다.

시공사는 건축에 대한 철학이 있으리라 생각된다. 필자는 그 철학의 밑바탕에는 부실공사를 하지 않겠다는 마음가짐이 있어야 한다고 강조하고 싶다. 일부러 부실공사를 할 시공사는 없겠지만, 혹 시공을 하다 잘못된 부분을 확인하게 되면 시공사가 먼저 수정하고 보완할 수 있어야 한다. 그렇지 않으면 부실공사로 이어질 수밖에 없다. 앞서 필자가 직접 겪은 내용과 사진을 보면 시공 과정에서 필자가 얼마나 힘들었을지 짐작할 수 있을 것이다.

더불어 시공사는 건축주의 마음을 알고 시공에 들어가면 좋을 것 같다. 필자는 예비 건축주를 대신해서 시공사에게 건축주가 바라는 바를 전하고 싶다.

1. 이윤이 남지 않으면 처음부터 계약을 하지 말기를 바란다.

   건축주만 스트레스를 받게 된다.

2. 계약했다면 성의껏 건물을 지어주기를 바란다.

   최고의 홍보가 될 것이다.

3. 건축주가 모른다고 해서 잘못 시공된 것을 묵과하지 말기를 바란다.

   갈등 및 분쟁의 원인이 될 수 있다.

4. 잘못 시공됐다면 스스로 바로잡기를 바란다.

   부실공사를 막을 수 있는 길이다.

5. 시공을 하면서 남는 게 없다는 말을 건축주에게 남발하지 말기를
   바란다.

   이 말에 건축주는 부실공사를 우려하게 된다.

6. 막무가내로 건축주에게 불편한 감정을 토로하지 말기를 바란다.

   건축주의 불신을 얻게 될 수 있다.

7. 잘못된 일은 변명하기보다 시인하고 해결방안을 찾기를 바란다.

   건축주의 이해를 얻을 수 있을 것이다.

8. 건축주와 협의 없이 건축자재를 임의로 사용하지 말기를 바란다.

건축주의 신의를 잃게 될 것이다.

9. 건축주가 문제점을 지적하기 전에 먼저 살펴보기를 바란다.

건물은 시공사의 작품이기도 하다는 점을 잊지 말기를 바란다.

10. 현장 작업자의 임금은 제때 지불해주기를 바란다.

제때 지불되지 않으면 시공하는 데 악영향을 줄 수 있다.

11. 시공비만 보지 말고 건축주의 마음도 헤아려주기 바란다.

건축주와 원활한 소통을 할 수 있다.

12. 완공이 됐다고 건물에 대한 책임감 역시 끝났다고 생각하지 말기를 바란다.

건물의 완성도가 높아질 것이다.

13. 건축주를 비전문가로 취급하고 얼렁뚱땅 넘어가려 하지 말기를 바란다.

주변의 건축전문가보다 시공사를 의지하는 건축주 믿음을 저버리는 일이다.

14. 형식적인 건물이 아닌 마음이 깃든 건물을 짓기를 바란다.

건축주와 시공사 모두 만족스러운 결과를 얻을 수 있을 것이다.

15. 신속하고 정확하게 시공을 마무리해주기를 바란다.

시공 지연 및 중단으로 발생하게 되는 손해는 시공사의 것이기도 하다.

건축주와 계약을 한 시공사는 최선을 다해 하도급업체와 작업자 등을 책임지고 부실공사가 되지 않도록 주의를 기울여야 한다. 건축주는 오직 시공사를 믿고 자금과 시간을 투자하여 건물을 짓는다. 서로에 대한 신뢰를 바탕으로 건물을 짓는 것이 가장 바람직한 모습이다.

지은이 윤진희

부산에서 의학서적 판매를 30년 넘게 하고 있다.
상가건물 건축주가 되기 위해 수년 간 건축, 설계 및 시공 등에 대해
공부했고, 현재는 건축주이자 실사용자가 됐다. 하지만 그 과정에서
여러 번의 시행착오를 겪었다.
이 책을 통해 건축주로서의 경험담을 공유하여 예비 건축주들이 성공
적인 건물을 지을 수 있는 방향을 제시하고자 하였다.

소규모 건물 짓기 실전공식

건축주가 알아야 할 부실공사 방지책

펴낸날   2019년 2월 11일
지은이   윤진희

편집   밀림북 편집부
발행인   윤진희
발행처   밀림북
등록번호   제 2016-000003호

주소   (49241)부산 서구 구덕로185번길 32-15
전화   051)244-0277,1140
Fax   051)246-6215
홈페이지   www.millimbook.com

내가 만난 길고양이들 1

윤진희 지음 | 밀림북

이 책은 지난 7년 동안 인연을 맺어온 길고양이들에 대한 이야기다.
다봉이와 새롬이 그리고 까미와 얼룩이까지. 녀석들이 아니였다면 이렇게
많은 길고양이들이 우리와 함께 숨 쉬며 하루하루를 살아내고 있는지 알
지 못했을 것이다.
 이 책에 풀어낸 녀석들과의 교감과 동행을 통해 길고양이가 우리와 함께
어울리며 살아가는 존재라는 것을 알게 되기를 간절히 소망해 본다.